FONGHONG

Tang Ying
唐颖 作品

加油，小子！

美国高中陪读笔记

江苏凤凰文艺出版社
JIANGSU PHOENIX LITERATURE AND ART PUBLISHING, LTD

图书在版编目（CIP）数据

加油，小子！：美国高中陪读笔记 / 唐颖著. —
南京：江苏凤凰文艺出版社，2015
ISBN 978-7-5399-8745-3

Ⅰ. ①加… Ⅱ. ①唐… Ⅲ. ①家庭教育 Ⅳ. ①G78

中国版本图书馆CIP数据核字(2015)第222668号

书　　名	加油，小子！：美国高中陪读笔记
著　　者	唐　颖
责任编辑	郝　鹏　孙金荣
特约编辑	周小诗
文字校对	孔智敏
封面设计	金犢設計室 DO-DESIGN STUDIO · 车　球
出版发行	凤凰出版传媒股份有限公司 江苏凤凰文艺出版社
出版社地址	南京市中央路165号，邮编：210009
出版社网址	http://www.jswenyi.com
经　　销	凤凰出版传媒股份有限公司
印　　刷	三河市嵩川印刷有限公司
开　　本	700毫米×1000毫米 1/16
印　　张	16
字　　数	180千字
版　　次	2015年11月第1版　2015年11月第1次印刷
标准书号	ISBN 978-7-5399-8745-3
定　　价	36.00元

contents

目 录

前言

冬天夜晚天早已漆黑一片，好容易等到儿子O奔回家，他说他今天忘了戴红领巾，老师要他现在立刻戴着红领巾回学校一趟，不准坐车只能步行，说这是惩罚。步行去学校这一来一回至少一小时，此时已快八点，他没有吃饭，有大量作业要做。我告诉儿子，这么晚了我不同意你去学校，你赶快吃饭做功课。儿子哭了,一定要立刻去学校,他说不想第二天在课堂被老师狂骂。我答应他立刻给老师打电话。

我进自己卧室，关起房门给他的班主任打电话，我告诉他，是我不准儿子去学校的，我还告诉他，在这个寒冷的冬天夜晚让孩子戴着红领巾徒步去学校，这不是教育孩子，这是虐待孩子。我正在考虑是否请律师告你，因为关于你的教育方式我已经多次和你商榷……

红领巾事件的刺激，当然不仅仅是红领巾事件，那段时间我刚从美国回来不久，尤其是做驻校作家期间我因演讲去过十多所美国中学，再回上海，更深切感受到天差地别的学校人文环境和师生关系，没法无视儿子所处的教育环境的种种问题。

每天看着孩子早上六点三刻离开家，晚上七八点才回到家，超过十二个小时在学校，吃完饭立刻做作业，闹钟放边上，每门功课给他规定时间完成，到十一点还是完成不了。遇到节假日更是有做不完的作业，成人在走亲访友，孩子关在他的小房间，趴在桌上又疲倦又厌烦地对付着功课，这已经不是读书是苦役。一学期下来测验卷子模拟考题叠起来有一尺厚。

更不幸的是，还遇到一位狂躁粗暴出口成脏的老师，后来才知他如此逼迫学生因为是个合同制老师，是否转为正式制，全看他能否把班级成绩弄上去。儿子去了美国之后，我又获知这位老师因向班级泄露考试题而被处分。事实上，他也是升学压力的受害者。

我一直纠结是否让孩子去美国读高中，更多的还是考虑我们自己，我的写作丈夫的剧场都只适合在中国，虽然我们持有美国永久居留证。现在终于熬到儿子初中毕业，他的四年初中对他对我们夫妇来说就像一场噩梦，为了还他一个健康的少年生涯，我决定去美国暂住一段时间，带着我的写作陪他读高中，丈夫要做剧场需留在中国，秋冬去美国陪我们，夏天暑假我们可以回上海。

现在回想，才发现，从离开中国开始，往后的每一步其实都值得记录，即便仅仅是作为信息。

01

从东岸回到中西部

儿子去美国读高中，选择哪一座城市让我纠结了一阵。

最终选择落户爱城（Iowa City），因为这是一座大学城。我曾参加这所大学的国际写作计划，之后又做了半年的驻校作家，有不少朋友和熟人，更重要的理由是，这里地处美国中西部，房价很低。未来几年，假如要保持自己的自由职业状态，不被生存压力所累，我不假思索放弃我最爱也是最昂贵的大都市纽约。

好友曾力劝我搬去康奈尔大学城伊萨卡（Ithaca），她的丈夫在康奈尔大学任教，她本人的教职在纽约大学。伊萨卡和纽约相距四个半小时车程，仗义的女友表示，假如我搬去那里，她便接受康奈尔大学向她发出的邀请，放弃纽约住到伊萨卡。我因此非常心动。

那年六月，我特地去了一趟伊萨卡，在好友夫妇购置不久的 house 住了一礼拜，看房子看学校，也是去感受小城的氛围。

伊萨卡在纽约州北部，这里有森林河流瀑布，风景如画，有着美国东海岸的开放气氛，更是伴着一所常春藤大学。人们提起伊萨卡都会用 liberal（自由开放）这个词，一场露天音乐会也让我见识了东岸名校城的活力。

美国小镇常在夏季开始之际举办这类露天音乐会，听众是当地居民，他们举家出动，带上折叠椅，有纳凉的悠闲。这种家庭，多是父母带着孩子，也有退休老人，音乐起来时年轻人都簇拥到演出台前跟着音乐扭动摇摆，这是后来我在爱城看到的景象。在伊萨卡，你会觉得这音乐会的纳凉性质被摇滚替代，即使是上了年纪的居民也不会安静坐着，他们全部站起来跟着音乐呐喊摇摆，比起年轻人的狂热劲我更容易被年长美国人的激情打动，那不是荷尔蒙而是一种精神气质展现，这些老居民们经历过二十世纪六十年代叛逆文化的洗礼，不，他们就是六十年代遗留下来的老嬉皮士。他们让我想起年轻时曾经追寻的美国文化中最具感染力的自由和反叛精神。

好友已为我填了入学表格，我和她一起去参观城里唯一一所公立高中。六月，纽约公立高中已经放假，好在行政人员不放假。接待我们的是入学办公室的老师，一位热情的中年白人女士，她带我们参观学校的各科教室和图书馆，其中有一间挂着心理辅导室牌子。她特别指出，学校有专门为外国学生做心理辅导的老师。这让我想起几年前，读小学二年级的儿子随我们去纽约住了半年，在纽约的公立小学读了一学期，尽管是暂读，但学校仍然安排了心理辅导老师，就孩子游戏时不够有合作精神，而与我有过交谈。我对那次谈话印象深刻，受益匪浅，因此对伊萨卡这所高中立刻有了认同。

十月初我要在上海主持一个独立艺术节，因此我和孩子可能要到十月中旬才能到美国，老师回答说，孩子任何时候都可以入学。从头至尾，入学办公室老师的态度一直很积极很鼓励，这让我心里踏实。

对于“孩子可以在任何时候入学”这件事，我并没有太担心，我甚至还有点理所当然的感觉，因为当年儿子进纽约小学就是在学期中间，凭着一张证明家庭住址的煤气账单和国内打预防针的记录卡就入校了。当年没有经验，预防针记录卡没有带，因此面临的选择是，把适龄儿童需要打的预防针统统打一遍再进学校，或者从上海弄来预防针记录卡。为了这张卡，儿子在家待了一个多星期，直等卡从上海寄来，然后又补打了一针预防针才进学校。

这座小城的 down town（市中心）布局跟爱城很像，事实上，这类大学城彼此相似，中间是广场，餐馆、咖啡馆、酒吧、书店、快餐店、银行、邮局、时装店、礼品店等各种商铺围绕广场向四周小街延伸，形成小小的商业中心。消费者多是年轻学生，而一般家庭购物会开车去坐落在郊区的mall（购物中心）或大超市。

我们在充满大学气氛的市中心咖啡馆喝了一杯咖啡，找回一点在纽约梦幻度日的感觉。我心里希望在 down town 附近找房子，这样我可以去咖啡馆写东西，只有在美国小城有孵咖啡馆需求，小城除了 down town 难见到人，孵咖啡馆是孵人气。

来到好友给我找的租房社区，社区中心是露天游泳池，房子围绕游泳池而盖，这些房子用的材料很单薄，看起来像厚的硬板纸，外墙统一漆成灰色，但中心区域的游泳池使这片社区有了情调，天空和泳池的蓝互相辉映，将四周房子都晕染得蓝莹莹的，一些年轻人躺在泳池四周晒太阳，也有人在池边的躺椅看书或冥想，我怎么觉得像来到度假村？

这四方形楼群，人们进进出出，这楼和那楼的人互相照面相距太近，我看到的面孔都很年轻，无疑，房客都是大学在校学生，很像校外的准宿舍，每间房面积不小，一套两室没有厅的房带厨房和浴室，价格比爱城两室一厅高出三分之一，是的，看起来挺吸引人，是吸引年轻人，在这空旷的高纬度小城，这片楼群有股强烈的派对气氛。但显然，这里不太像我要住下来过日常生活的地方。

我和朋友一家在伊萨卡周围逛了几圈，瀑布、树林、山间的草坪，到处是美景，到处是，只有风景没有人，这里似乎比爱城还要没有人气，其实是暑假的缘故。我得承认，到了美国，我最怕看不到人。虽然在上海，人多得让我晕眩。不仅上海，中国任何风景地，都有个“人多”的问题，人把景盖住了，现在，到了一个只有景没有人的地方，我却想逃开。

我最终放弃伊萨卡，也许时间仓促，没有找到合适的房子，也许这座小城没有我的人脉，还因为我了解到该城的生活指数高于中西部小城。

我预感以后自己会为放弃伊萨卡而后悔，可当时，好像有一百条理由在说服自己放弃，其中还有一条可以说出来的理由，爱城这所大学的写作系全美最著名，当代美国重要作家弗兰纳里·奥康纳、雷蒙德·卡佛都是从这所大学的写作系出来的。爱城的国际写作计划持续了五十年，每年秋天是作家季，三十多个国家的作家来此笔会，也是爱城的社交季节。

但我心里又很明白，写作是很个人的，跟你周围是否有作家并无多大关系，我选择爱城，根本原因还是经济上的考虑，能否支付账单才是我首先要面对的现实。

七月，我已回到上海，开始联系租房和入学。

爱城有两所公立高中，一所在东区，一所在西区，人们都说西区中学的教学质量更高一些。

公立学校是根据住房地址来接收学生的，想进西区高中，就应该租住西区的公寓房。西区是后开发区，新造了不少房子，租房并不难。

朋友介绍的公寓房，离西区高中不远，步行十五分钟左右，离 down town 也就十来分钟车程。我通过她与这家租房公司联络上，并进入他们的网站，看到我将要租住的房子，那是一组两层半高（一楼的半层在地下）红砖外墙的小公寓楼群，远远看过去，像一栋栋小洋楼。楼房前后是草坪，树木环绕，停车场宽敞，马路对面是一片开阔地，连接着高尔夫球场。

对日常生活而言，公寓附近步行十分钟有个小商业区很重要，超市、洗衣店、咖啡室、美发沙龙、药店、邮局、日式料理、三明治店一应俱全。交通更不能忽视。这组公寓楼群在两条马路的角上，横街通向 down town，竖街通向大学，从公寓的停车场无论是走到横街还是竖街，都有一个车站，每个车站至少各有一部不同线路的城市巴士经过，间隔时间是一小时。

其实，当时我对这个小商业区并没有特别注意，也许我以为这些都不成问题，我生在上海，认为出门就该有商店有交通，我没有在美国小镇过日常生活的经验，之前是受邀来这里，住在 down town 的 hotel，是客人。

等我住到这里才发现，公寓的租赁对象主要是从外州到此地来读研究生或博士生的美国学生，也有全职工作的新移民，因此他们都有自驾车。

还算幸运，至少有走路能走到的超市，儿子也可以步行到学校上课。不过，冬天有暴风雪时，巴士很难准时到站，你也无法走路去超市，不过这暴风雪不会持续太久，因此比较受寒冬影响的应是每天步行去学校的儿子。冬天很漫长，低温天温度可降至零下二十摄氏度，雪从十一月开始下，到来年三月还有积雪，寒假却只有一个月。

当你在做某些改变时，总是更愿意看到积极的一面，况且，我人在上海，又是夏天，我对美国中西部小城冬天的日常生活缺乏想象力，或者说，我没有心理准备。事实上，问题远远不是如何度过美国中西部的冬天，而是你如何在异国他乡开始另一种人生。

当然，我并不认为我会长久住在美国，我是作家，用中文写作，无论我对自己国家，对自己出生长大的城市有多么不满，也只能接受了。我和许多家长一样，希望我们的下一代能有更健康更符合我们理想的人生，我不过是暂时放下上海的生活，陪儿子适应最初两年的美国高中生活。

那年七月，住在上海的我能注意到的，仅仅是住房离学校不远，房子的结构和价格都能接受。

这群公寓楼内都是一式一样的两室一厅，一层四户，三层共十二户，一楼是半地下室，有洗衣房。这两室一厅最大的好处是，除了厅，两间卧室、厨房和卫生间都有壁橱，主卧室的是 walking closet（人可以进入的橱柜），也就是储藏间，而价格几乎等同于在上海市区租借一套一室一厅公寓的价格，当然，这是七年前的价位，以后每年的月租略涨。

我让朋友帮我看房，并委托她预订了一套三楼的房间，在这之前我已经给租房公司填了一系列表格，主要是向他们提供租房者的个人信息包括职业收入和信用，以便他们决定是否向你开放租约。

住房落实后，我与西区高中负责入学的玛丽电子邮件联系儿子入学一事，玛丽回答说，西区高中名额已满，只能去东区高中，但她提醒我先要与学区办公室联系。我与学区办公室联系后获知，儿子还是被安排到了西区中学，作为外国学生,他需要上 ELL 班（为英语是第二语言的学生办的英语补习课），但东区中学没有 ELL 班。学区办公室要求孩子入学前先去学区办考英语，以便安排适合他程度的 ELL 班级，在确认我们到达美国的日子后，便把一份包含时间地点的考试通知用电子邮件发给了我。

我才松了一口气，租房公司有个叫潘尼的工作人员给我发来租房条约。我需要提前付一个月的房租作为定金，并支付九月的房租，我告诉潘尼我十月中旬才到达美国，我不愿意付九月的房租，十月房租也希望只付一半。但潘尼回答我说，如果我不付九月房租，房子将不为我保留。我告诉潘尼，这样的话，我宁肯到了那里先住旅馆再来找房，那里有的是租房公司，我要求她把我的邮件转给她的老板。

于是一位叫姬德的人和我联系，她不仅同意我不付九月的房租，甚至免去我十月的房租，她说，希望我成为他们公司愉快的新房客。

后来这位姬德几乎成了我的朋友，她是一位金发美女，年轻的单身母亲。第一年冬天我没有车，雪天步行去公司付房租不方便，姬德便开车来拿支票，她总是兴高采烈妆容精致地出现在我的寓所，我为她准备了咖啡和蛋糕，我们彼此好奇，总是一聊便聊开来。姬德觉得她不会一直待在没有什么机会的中西部，她从未去过纽约，心心念念想去纽约找机会，我向她渲染纽约的精彩，同时很怀疑假如去那里讨生活，还会有那些光环吗？

姬德不时会和一些男士约会，他们很英俊但不那么负责，像姬德这样的美女往往和外貌般配的俊男早婚，他们在高中很 popular（有人气，受欢迎），绝不辜负光彩夺目的青春年华，学业当然不会太上心，读个社区大学也很 OK，毕业后才发现找工作不容易，婚后的经济和感情都变得不稳定。面对成年后才发现生活不易的美女姬德，我不由暗自感慨，我们中国人大都信奉“忧患生，安乐死”，不太敢活得这么无忧无虑，各种用功刻苦无非是要给自己安排未来的安全人生。

我劝姬德找个职业稳定的专业人士过上优渥的日子，她说这类男士并不容易碰上，我们开着玩笑讨论应该去哪一类聚会才会碰到他们。有一天，她来告诉我，在一次书店的派对上她认识了一位医生，他们约会了。是的，正是在书店的派对上，她大笑着强调，聚会地点很重要不是吗？

春天时我离开美国出了一趟远门，东忙西忙，很久不和姬德联络，有一天我去公司付房租问起她，才知道姬德已经离开了公司。我心里有些挂念，我不知道她和医生的约会有无结果，也不知道她是否去了纽约。

姬德离开后，我多和潘尼打交道，她是个普通实在、有拉丁血统的皮肤微黑的中年妇女，也许当初职位太低无法给客户任何许诺，面对面时，才会发现她很善良。有天晚上去超市，看到潘尼在收银，以为她离开了公司，一问才知超市收银是她的第二份工，直到那天我才明白，听起来是在房产公司上班，其实薪水微薄，不过，潘尼总是高高兴兴很满足，常看到她和一大家子人在一起，远远看到我，会举起胳膊响亮地喊着我的名字和我打招呼，并把我介绍给她的家人或朋友，几分骄傲地告诉他们：“她是个作家呢！”在我离开爱城前几个月，潘尼也消失了，我又失落了，她也是我在爱城这一块异国土地上，温暖的人际关系搭建的安全网中的一条连线。

02

机场磨难

十月，我和儿子出发去美国。

从上海到美国中西部小城，在芝加哥转机飞 CID 机场先要完成入境，托运行李领取后再做第二班飞机的 check-in 和安检。带儿子去读高中，有点把家空降美国腹地的意思，因此大小行李相加八件，还不算我的手袋和儿子肩上的网球拍。仓皇中竟将一纸箱书留在机场出关门内，待我意识到，这扇只出不进的门已关上，欲返回遭到制止，男保安指引我找一名女保安，好容易等到她出现，我用了十几分钟跟她沟通，我手指着那扇似乎决定命运的大门试图指引她从那里进去把那一步之遥的纸箱拖到门外。

不断有人出关，这扇门开开合合，在打开的瞬间我便用我的目光从人们身影的缝隙间射向我的纸箱，我几乎能听到它的呼吸。而我的思绪飘走片刻，这扇只出不进的门是否就是某种警示？当你通过的时候是否应该放慢脚步给自己几秒钟的时间做一番检点，而不至于留下无法回首捡拾的遗憾？

终于女保安向我伸手要托运单据，少不了让我出示登记牌机票护照，我顺便告诉她我还要转机，所以要即刻拿回箱子，她并没有给我许诺，或者说她并没有表现出我们对机场服务业所期待的热忱。以前来去美国东岸，都是搭乘日本航班，习惯了他们谦恭而周到的服务，这一路我算领教了美国航空公司公式化的服务风格。

我眼睁睁看着她朝另外一个方向去，其间不断受同事或乘客拦截，一路走一路停一路招呼和谈话，我是否向她强调过我还要赶飞机？我欲追赶她，但被其他保安拦住，因为她已进入工作人员通道，好啦，她进门了，虽然这是另一扇门在另一个方向。

不过呢，从此她就消失了，十分钟，二十分钟，半小时，眼看我转机只剩一个半小时，而我正站在托运行李的传送带边上，那一堆行李，和我那一有空闲便陷入他的二次元世界的儿子，成了别人运送行李的障碍物。我对自己说，大不了弃箱不顾，我在心里做起了选择题，扔书或扔衣物哪样更让人不舍，好像都不能舍。尤其是，它就在一步之遥。

她去哪里了，从那扇门到这扇门也就一百来米，即便是个蹒跚的小脚老太太也该走到了。也许她去上厕所了，或者去休息室喝了一杯咖啡，我那番冗长笨拙的叙述让她神经紧张？也许她被其他的麻烦缠住，某人的行李箱里有引爆可疑物？说不定那扇门和这扇门之间是完全不相通的空间，她舍近求远，跑去我乘坐的那架飞机了？我要不要通过广播喊她，但是……她叫什么名字？这时，一位男保安上前问我需要什么帮助。

我开始新一轮的述说，就像按了 repeat 键，男保安似乎更 nice（通常形容给人好感）一些，他问长问短，我们互相微笑为彼此沟通流畅而喜悦，然后他告诉我有个人可以解决我的问题，他开始四顾，接着跑开去问附近穿制服的同事，然后告诉我她好像在帮某个乘客找行李。“She？”我问道，“那么就是她了，她正帮我找东西。”

“不，我还没见到她，她在找别人的东西。”

“这别人就是我，现在我在找她……”

他脸上的微笑变成迷惘，我们立刻陷入沟通沼泽。

然而我的眼睛一亮，我看见一名保安捧着我的箱子走过来，谢谢，这正是我的箱子！我冲上去几乎欲抢回箱子，他捧着箱子询问地看看我，对了，我应该出示行李单据，我在包里翻腾时才想起单据还在女保安手里，抬起头捧箱保安已离去，箱子倒是留下了。

我转身排进 check-in 的队伍，轮到我时却见女保安过来，我高兴地向她招呼，她似没有听见，径直走进我的行李堆，抓住纸箱上的标签核对着手里的行李单据，然后才抬头问我：“这不是你的行李吗？你为什么说你的行李不见了。”

“难道这件行李不是你让男保安送来的吗？”我惊问。女保安不悦地走了，没有听我的解释，也许她并没有不悦，只是没有表情罢了，她急匆匆赶去解决其他的事务，我心里不无遗憾，因为我甚至还没有来得及说一声感谢，或者说没有机会做一番解释以示歉意？我当然明白我已经来到一个法律严谨一切都有章可循的国土，宛如进入自动化轨道，只要一个动作错误，便进入重新设置程序，而我这个仍然带着农业国心态的旅人，却在为某个表达不到位而耿耿于怀。

此时，近二十小时的旅途疲劳已次第裹卷住我，猜我听到了什么？今晚去 CID 的航班取消！我以为已经结束的机场磨难才刚刚开始。

这时的我不止沮丧，是几近崩溃的绝望，从十八日中午十点钟离开上海的家，到此时芝加哥的黄昏六点钟，也就是上海次日清晨七点，已经整整二十一小时消耗在路上，这一刻我只感到筋疲力尽，连站立的力气也没有。儿子在一边负气般喊道："我要去旅馆睡觉。"这也是我此刻唯一的渴望。但是我被告知，由于气候原因，航空公司不负责乘客的过夜问题。接着我被问是否 stand by，当然，我回答，心里在说，难道还有其他出路？于是让我们继续 check in，大件行李被托运了，拿着新的登机牌，我却在打听去哪里过夜，我不知道我正开始朝一条错道走，虽然心里有一丝疑惑掠过，似乎这 stand by 在"等候"之外另有个意思未被我抓住。

这一刻我想起了将来接机的朋友，他叫本力德，是个汉语流利的美国人，糟糕的是我竟忘记随身带他的电话号码。我们且跟着人流朝候机厅深处走，我在找诸如咨询台之类的服务，一时也看不到，有制服人员建议我到登机口找航班公司，解决过夜问题。于是我和儿子一人一只拉箱，一人一只手提电脑包，以及他肩上的网球拍和我肩上的包包，坐上机场列车，找到我们的 Terminal，然后排队安检随身行李，脱衣脱鞋，塞得超满的行李箱被打开，但没有被翻腾，男保安用一把类似于外科医生用的钳子，钳了一朵有药水的棉花在箱子拉链处涂了一圈，宛如给病人的伤口消毒。

顺利走过安检口，又走过几十个登机口，再下楼梯，我们的登机口在地下楼层最深处，那里已经人满为患，坐或躺，椅上地上都是人，儿子迫不及待挤进某个空位摊手摊脚地坐将下来，我则排进服务台前长长的队伍。轮到我时两句话就打发了，后面的航班何时有不知道，有了会通知，问到过夜问题，女工作人员便给了我一张旅馆折价券，让我用这张折价券到指定旅馆，住宿自费但享受折价，她说也就三十多美元一晚，让我即刻电话联系。

柜台对面就有投币电话，我随身带着朋友给我预留的长途电话卡号，因此不用担心投多少币的问题，我通过电话向对方订房间，事实上不是三十多美元，而是六十美元以上。问题是如何去旅馆，电话那头的女子西班牙口音，说的路线听起来复杂，而候机厅声音嘈杂，我越听越糊涂，差不多要把头钻进电话盒子，纠缠中电话断了，此时奔向旅馆的唯一意愿遭到打击，简直想哭。

情急中我在乘客中找了个年轻的美国女孩，请求她帮我打电话问清去旅馆的方式，然后再告诉我，女孩义不容辞，用自己的手机打到旅馆，然后告诉我，离开登机口想法走到候机厅任何一个通道外，再给对方电话，他们会派车来我们的停留处接送。

于是沿着原来路线走出去，爬楼梯，再一次越过几十个登机口，直走到安检门外，觉得有点不对头，这一来前面的安检不是徒劳？管不了了，我找到最近的出口，来到候机大厅外，在出口附近到处找投币电话，来来回回走了五六趟才找到躲在大厅角落处的电话，好处是这里几乎没有人，电话打过去仍然是那个西班牙口音的女子，得到的回答却不同，她要我去到机场巴士中心 2 号门等待其旅馆的接送巴士，那么机场巴士中心又在哪里呢？我找到咨询台才问清是在 Terminal 2 附近，而我此刻在 Terminal 1。

于是重新搭车搭电梯，手里的拖箱肩上的电脑越来越重，简直是跌跌撞撞到达巴士中心，再从巴士中心找到 2 号门，那里热闹赛车站，旅客簇簇群群，一辆接一辆巴士停过来，司机们报着自己旅馆的名字，总有旅客跟着名称走，我拿着折价券到处核对旅馆名字，儿子已一屁股坐在水泥地上。

这时已经开走十多辆车，只有一辆因为脏旧而醒目的车停了半天没有动过，也不见司机下来，当这辆车也发动时我忍不住奔过去询问，竟然就是我要找的旅馆巴士，可儿子却试图拒绝跟着这部破车走。

这车一开开了半小时，远不是我以为的就在机场附近，但人在车上听天由命了。到旅馆时已经夜晚九点，check-in 又得排队，交付押金时才知房间价加上税近七十美元，可我随身皮夹里只有六十美元的小额现金，那是为路上其他可能需要的用途准备，此时又发现把美国的银行卡忘在家里，而部分现金放在箱子的某个角落，却想不起来在哪个箱子，只能要求女接待容我进房后把钱补给她。

这旅馆巨大，围着大花园兜了一大圈才找到电梯，又在走廊走了一大圈才找到房间，却发现给我们的房间只有一张 king 尺寸（六尺）大床，再去前台换房，又是一次漫长的步行。

住处落实后再找餐馆落实晚餐，附近只有 Subway 一家快餐连锁店开着，卖着最典型的美国三明治，儿子倒是喜欢，但我累得毫无食欲，同时还牵挂接机的朋友。回旅馆安排儿子洗澡睡觉，因此必得把装得铺铺满满的箱子打开，拿过夜需要的衣物洗沐用品，美国旅馆是不备牙刷的。在家里张献帮我装随身行李时，曾关照我路上不要轻易开箱，只怕我无法再把箱子关上，我当时觉得不可能在路上开箱，却未料会有这般曲折。现在开箱后的房间早已混乱一片，儿子洗澡时，我则再次下楼找商务中心上网，想打开电子信箱获取本力德的电话，商务中心已经锁门，我从前台拿了钥匙走过空无一人巨长无比的一楼走廊，整幢楼回响着我咯咯咯的脚步声，像在噩梦里，四周潜藏着我看不见的幽灵。

打开商务中心的门，天哪，我已觉得自己成了这家旅馆半个主人，一边痛恨着自己的粗心。从电子信箱拿到本力德的电话号码，在楼下大厅的公用电话拨了老半天号码，才发现电话是坏的。回到房间终于拨通本力德电话，此时我的美国朋友竟然还逗留在 CID 机场，说刚刚有一班从芝加哥去的班机降落，他正在候机厅找我。今晚有航班？我懊恼地喊起来。

现在说什么都晚矣！本力德要我打电话给航空公司查询我的名字是否在明天的航班上，之后把结果告诉他。我一通电话进去，全是机器录音，很多项目，按键按到疯却不得要领，情急中电话给华盛顿 DC 的中国朋友，他是那一类在紧急状态中你最想找的人，正是他把电话卡预留给我，我让他帮我打电话给航空公司。他移居美国二十年，英语熟练人又极其聪明，很快他来电话说很难进入那条电话线，但他已上网查了明天的航班，从早上六点四十分开始，每两小时便有一次航班，他劝我笃定睡觉，明天中午起床退房到机场，总有航班让我走。

正合我意，我洗澡上床刚熄灯，本力德却来电话问我是否打听到航班，我告诉他电话查询很难，但明天有的是航班，我不担心走不了。可他认为我的名字必然是在某一航班上，如果我错过那一航班就很难保证明天走得了，我那时已经疲累到失去理智，对着他大发牢骚，从抱怨美国航空公司对乘客的粗疏，到数落美国的其他不是，朋友为自己祖国的不完美而向我道歉。他让我想起二十世纪八十年代最早来中国访问的美国知识分子，他们正直仁慈满怀爱心，想要救普天下受压迫者脱离苦海，正是他们强化了我们对于美国的幻想，而机场遭遇对于我不啻是兜头一盆凉水，虽然我已来去美国多次。

最后是本帮我查询到电话，那已是一小时后，他来电话告诉我，我的名字在明早头班飞机六点四十分的航班名单上，那就是说我必须在四点左右起床，四点半离开旅馆，此时已经深夜十二点四十分，我简直是气急败坏地告诉他，我绝不坐清晨航班，我也不怕明天坐不到飞机。于是这位哈佛博士生开始漫长而耐心的说服工作，连连说着对不起好像是在恳求我，令我良知觉醒。

放下本的电话我便和旅馆前台联系，得知旅馆第一班巴士是早上五点，去机场车程顺利的话是二十五分钟，我思忖片刻，假如坐出租车，司机多是外国移民，万一沟通不畅或他们路不熟耽误航班，决定冒险坐旅馆头班shuttle bus，关照前台四点半morning call，能多睡半小时也让我窃喜。放下这个电话已超过一点，我聚集勇气重新起床开始整理行李，把摊了满地满桌的东西统统再收回箱子，再睡下已经两点，却又开始担心前台那个睡意朦胧的值班生是否会为我设定晨起闹铃。此时的我瘫倒在床上，却毫无休息感，折腾了这么一大圈，付了旅馆费，不仅没有捞到休息，还陡增这么多忧虑，但旁边床上儿子熟睡的鼻息声给了我一点点回值感。

在间歇的蒙眬和清醒中，看了不下五次钟，最后一刻却是让morning call唤醒的。旅馆巴士一分不差，五点二十五分把我们送到正确的Terminal，保安听到我要赶六点四十分的飞机，便让我们优先 check-in，于是又拿到新的登机牌，至此有关这趟飞机我们两人共拿到六张登机牌。不过我们还必须重新排队安检，排在长长的队伍中，突然发现所有人的目光都看着我，然后才知坐在队列外一张高凳上的女保安在朝我说话，那是个六十开外的胖老太太，远远的她提着根棒指着我的行李，说我们的行李已超过一人两件的数字，在大厅众多目光下，我思量着该如何将我的手袋和儿子的球拍塞进箱子，为难一刻，另一女保安查票到我们面前，看了我们的登机牌便让我们跟她走，径直带到安检处，让我俩优先安检，关于行李的件数问题便不了了之。

然而安检却发生了问题，一名非裔女保安把我们塞得满满的行李箱兜底翻竟找出半瓶我正使用的 Dior 香水和整瓶沐浴露，这沐浴露是出发前考虑到小城买东西不方便，特意买了备用，买机票时便被告知这东西不能放随身行李中，只能说是我自己的疏漏，可笑的是昨天的安检却是 OK 的。非裔女保安要把这两样东西扔掉，我说服她把香水留下，她便说需请示她的上司，要我和她去一趟值班室，我看表已到登机时间，便告诉她不用再问，扔就是了，一边急急地将所有翻乱的东西收回箱子，再一次面临无法锁上箱子的危机。

匆忙离开安检处朝登机口赶去，却又被后面喊声叫住，那非裔保安拿着香水瓶来追我，她说经过请示把香水还我，谢了她继续赶路，经过卖快餐的柜台，儿子说肚子饿得胃痛，虽然柜台前有多条队伍，也只能让他吃到早餐再说，此时离启程只剩二十分钟，想见小飞机上客人都已坐整齐了。

儿子排队买餐时，我开始检点证件机票登机牌，却发现一叠登机牌里偏偏就少了即可用上的那两张，我就地摊开东西找了半晌，其间还奔回安检处，那里乘客更拥挤，情景更混乱，而我像只无头苍蝇在那一带绕着圈找那两张纸牌子，直到一名保安告诉我，遗失登机牌没有关系，只要 ID（证明身份的证件）还在。当我们冲到登机口，那里只剩工作人员，待我们走进检票口登机门便被关上，上了飞机前后一看也就十多位客人，还有一半空位。

几分钟后这架只有三四十个座位的小型喷气式飞机便上天了，这是个阴天，云层下的天空似被无边的帘子遮住，朦胧暗淡，正等待阳光将之洞穿，此时的我才放松下来，有了饥渴的感觉，但已经无力到不想开口向机上唯一的乘务员要一杯水。

一小时后飞机在 CID 机场降落，小小的候机厅空落落，本力德迎着我们走来，我举起双臂欢呼般地向他招呼，他说，太好了，看见你是笑着进入我们的城市。但我马上便笑不出来，因为传送带没有把我们的行李传出来，当本去咨询台询问时，我则来到堆满行李的行李房，我看到我们的四大件行李静静地拥挤在其间，它们是在前一晚深夜抵达，对着行李房保安我简直是满怀激情地表示着感谢。

我们用两部推车才把这些行李全部运到停车场本的车上，我此时想起一部汤姆·汉克斯主演的喜剧片，片名就叫 The Terminal (《幸福终点站》)，所有场景都在候机厅，时间不超过二十四小时，当然我们在机场的遭遇远没有好莱坞娱乐片那般惊险和浪漫，但心绪同样动荡和五味杂陈。

我问本力德，stand by 的中文意思到底是什么，他说，等候，他指着候机厅的方向道，应该是，在此等候!

呵呵，“在此等候”，听起来多么诗意又情意绵绵，我的耳边萦绕的是那首著名的英语情歌，Right Here Waiting，它的中文曲名正是“在此等候”。

03

入学挫折

周末一过，我便按照学区的安排，带O奔去参加英语考试。包含日程地点和地图的考试通知信，两个月前在上海时就收到。虽然学区办在另一城，但这里的城市都很小，从我住的地方到学区，不会比徐家汇到外滩更远。

不想再麻烦朋友，查了地图，发现有巴士可到达，只是这巴士怎么坐，我还没有搞清，想着司机应该知道。然而，在车站等了半个多小时后我才意识到，这里的巴士间隔这么长，应该是有固定时间的，但站上没有时间表。我也是之后才打听到，巴士时间表需到网上去查，遇到暴风雪等坏天气，到站时间不会准，出发前必须直接电话巴士公司询问。

看来考试要迟到了。幸好我手里有一支朋友留给我的手机，我在车站给学区负责考试的老师赛琳娜打电话，告诉她我们此刻还在爱城，没有自驾车，在等没有时间表的巴士诸如此类，赛琳娜答应等我们。终于来了一辆不知去哪里的巴士，拿地址问司机，他说可以去，上了车又手忙脚乱凑分币买票，心里问自己，为何总是这样那样的件件事都准备不够。

城市巴士车速慢，还要七兜八兜，在不同居民区绕了一个多小时，如果不是急着去目的地，这么兜兜转转也挺有风景看。在被司机招呼下车后，却发现离学区办还有一长段路。

也是要到很久以后，我才会发现，那天我们坐的是反方向的巴士。

我拿着地址和地图，一边走一边找可以询问的人，这种小城街道几乎看不到人，但总会有加油站之类，之前几年经常旅行，拿着地图找人问方向乐此不疲，就这样一路走一路问，到达学区办时已接近下班时间。

赛琳娜看见我们立刻笑逐颜开，仿佛我们是守时的客人。她很年轻，连帽针织运动型外套配牛仔裤，朝气蓬勃的，像个在校读书的大学女生，她亲切熟稔地唤着O奔名字，好像是他多年的老师。

考试时间很短，我在休息室才喘了几口气，O奔就出来了。我拿出地图与赛琳娜讨论如何回城的问题。原来学区办大楼门口就有个车站，去购物中心的巴士经过这里，我们可以坐这辆车到购物中心换车，那里有到我们城里的巴士，但必须再从我们城的 down town 换车到我们公寓，这么换来换去，巴士间隔时间都很长，浪费太多时间，赛琳娜看了我们的地址说，步行不会超过一小时，肯定比坐巴士快。

不用我说服儿子，他已受不了巴士的慢吞吞，我们便步行回自己城，此时的心情无比轻松，因为，儿子很快可以进高中了。阴郁的早春雨天还历历在目，和几百名家长坐在上海某中学大礼堂，听着校长和教导主任用沉重的语气念叨，高中有多么难进，考试有多么难预测，复习有多么重要。此时回想，宛若另一星球的声音。

几年后，O 奔申请大学前，去另一城参加 SAT 考试（即美国大学录取中的学术能力评估测试），当主考老师知道他来自爱城西区高中，便告诉其他考生，这是全州最优质的公立高中。

赛琳娜虽然为我们指点了大致方向，但在七兜八转中还是迷失了一段路，好在我不耻问路，甚至当作乐趣，这不正是练习英语的机会吗？

离开小镇居民区，走上宽阔笔直的大马路，朝着西面，正是夕阳在天空灿烂的方向，真有一种曙光在前的错觉，对于前面的长路我充满信心却并没有足够的心理准备。

这条路后来驾车常常经过，我指点给朋友们看，我和儿子曾经有过这么一次长途步行，他们啧啧有声，难以置信。

这条大路两旁有人行道，人行道旁的开阔地散落着一些小楼，多属不同公司，却不见商铺，商铺要么集中在 down town，要么集中在 mall 里面。因为没有高楼，视野开阔，仿佛能看到遥远的地平线，儿子感叹了，这哪里是城市？这明明是农村！

儿子回家后，用简单英语写了一首诗，大意：我独自走在街上 / 看不到人，只有空旷 / 心里也很空，我感到孤独 / 他们说这是城市，我怎么觉得是乡村？

以前的人娱乐少，以前的上海人喜欢逛马路，可以从淮海路逛到南京路直逛到外滩，一路走一路看橱窗逛商店，走个一下午不在话下，我一路跟着父母走成大人，所以也是不怕走路的人。但在一条笔直的没有一家店的乏味的大路上走，不要说没有走惯长路的儿子，连我都累了，甚至比拿着地图一边走一边问路更累，远远看见快餐店招牌，我问儿子，我们去那家店歇息一下吃个汉堡如何？他马上喜笑颜开腿脚不再拖沓，真是快餐一代，听到汉堡就立刻来劲。

十字路口，一位盲人按了灯键，绿灯转红灯了，他却还在等待，不用我说，儿子已经快步向前，他搀着盲人过马路。到了马路对面，盲人说他可以自己走了，说只有这条大马路的十字路口需要帮助。

在汉堡店，儿子吃着汉堡突然就惦念起盲人，他说应该把盲人搀到他要去的地方。假如这时我说，我很高兴你有助人的心，他一定会烦，如果我告诉他，这里的残疾人和老人都很坚强，他们很看重自己的独立，他更反感，以为我伺机进行教育。我笑笑，道，他既然说了不需要，那就是不需要。

从汉堡店出来，我们又走了半个多小时。从宽阔笔直的大马路拐个弯，风景迥异，这一路，两边是树林，棕红橘黄的叶子衬着夕阳仿佛要燃烧。如此热烈的天空，人行道上却空无一人，我说我们一起唱个歌吧。兀然发现，我和儿子没有共同会唱的歌，我已经多少年没有唱歌了？

西区中学的入学办公室通知我，这个学期已开学近两个月，O奔必须等到第二学期入学。这里高中有三学期，第二学期是十一月中旬，这意味着他要在家待三个星期。

我看着窗外无人的街道，还未来得及申请网线和电视cable，这间公寓如同真空，没有车哪里都去不了，儿子将如何度过这几个礼拜？这两天不和人联系，我已有孤零零站在某处与世隔绝的感觉。

我给美国朋友本力德打电话，请他帮我说服学校入学办公室，让O奔尽早进学校。本力德为我给学校打了一通电话，却没有说服成功，他告诉我说，学校不同意他学期中间入学，是因为高中是学分制，中间插进去，学分没法算。

我告诉本力德，这里的高一九年级相当于中国的初三，因为美国初中是两年制，高中则有四年。儿子带来中国初中毕业的成绩，他已经有九年级的学分，所以，这第一学期可以不要学分。我认为这三星期对儿子很宝贵，他可以不要学分但需要掌握英语，他越早进校越有利于下一学期的学习。我希望本力德用我这些话，向学校方面再作说明。

但是，这个在北京芳草地小学读过书的美国人，却劝我放弃说服，他说美国人有时很死板，一切照规定，说了不可以就是不可以。

我担心儿子在家无所事事，部分是担心自己受影响无法写作，好心的本力德建议我陪儿子去图书馆度日，他愿意每天接送我们。这当然是最后的退路，可我还想争取一下。我想到了学区办的赛琳娜，那个非常nice的年轻女生，直觉告诉我，她一定肯帮我。

我给赛琳娜电话，希望学区办公室去说服学校，让孩子立刻入学，我说，就让孩子去学校听听课，不用计学分，他初来乍到没有朋友，没有地方去，很难在家待几个星期……

晚入学几星期，现在回想是件很小的事，不是所有的美国学校大门敞开欢迎你，也不是所有的美国人都该对你热情洋溢，我怎么可以对一个我其实了解不多的社会抱有这么高的要求？

但当时的我有强烈的受挫感，我的语气没有掩饰我的感觉，赛琳娜劝我不要着急，她说她会转告她的上司，通过她的上司去跟校方商量，争取下午一点半以后给我消息。

此时是上午十点，我放下电话，好像有更多的想法涌出来，需要向学区办表达。于是又拨了电话给赛琳娜，我告诉她，好些年前，我和丈夫作为访问学者去纽约居住半年，孩子也是学期中间插班，此外，纽约一所高中入学办公室的老师曾经告诉我，只要居住当地，孩子可以任何时候进学校，我表达了在入学这件事上，我对本地中学的失望。

虽然这通电话我语气尽量温和，但话语不乏指责，好像这一切麻烦不是我自己造成，如果我放下艺术节的事提早带儿子过来，不是顺理成章不会有这样的麻烦吗？可这是美国呀，她应该让我事事如愿！我听到自己意识深处不可理喻的声音。

我安静几分钟反省了自己，又拨了第三通电话给赛琳娜，电话接通的瞬间，我不由地笑了一声，我的笑也让赛琳娜笑了，我说造成这些麻烦的是我自己，为打扰她表示歉意。

第三通电话放下十分钟，赛琳娜便来电话，语气欢欣地告诉我，西区中学同意 O 奔立刻入学，前提是这个学期不计学分。她说她受我情绪感染，等不到下午一点半老板来办公室，便给他拨电话，这位学区负责人立刻联系学校，说服了校方让 O 奔在本学期进校。

我对赛琳娜充满感激，她正像那一类我们在中国就已经熟悉的美国人，热切地时刻准备帮助他人的美国人，那是八十年代在中国遇到的美国知识分子。他们算是美国前卫人士，意识先锋，对东方文化充满兴趣，并且怀着一颗拯救第三世界的热烈的心，我自己意识深处对美国的高度期待，是否受了这些走进东方的美国人影响？

然而，接下来，在陪伴儿子读高中的几年，我马上就会触碰到更加真实的美国，美国中西部才是最正宗的美国，这是这里的美国人反复向我强调的，以提醒勿被东西两岸——纽约和加州的表层开放景象误导。

以后的日子我常会想起赛琳娜，会感恩她当年给予的热情关照，却一直没有机会再见到她。

当然，本力德十分吃惊，我竟然用我不流利的英语，通过说服学区办而说服了学校，我告诉本力德，我是通过你得到重要信息，关键在学分，才会要求放弃学分，因此说服学校。

与赛琳娜通话的第二天，我便带儿子去学校报到，入学办公室老师把我们带到艾米面前。艾米是 O 奔的 counselor（指导老师），这 counselor 是协助学生解决各种问题的老师，她首先帮助学生选课，协调他们的课程表，并通过她和任课老师以及方方面面联系，由于美国高中没有固定班级，这被称为 counselor 的老师便成了家长和学校联系的纽带，也是学生在校期间需要寻求帮助的重要角色，有那么一点像中国学校的班主任，但 counselor 并不负责学生在学校的表现，也就是说，counselor 不会事无巨细管到学生的成绩或个人品德。

这所学校有两千多名学生，只有五个 counselor，以字母顺序分配，每人管理近五百名学生。

艾米是个黑发黑眸有点像南美人的中年白人女性，四五十岁年纪，披肩长发，涂了口红，脸上妆容有些浓，或者她的眉眼就是这么浓郁。在她狭小的办公室拥挤的办公桌上，放了不少家人合影，一家四口，她和丈夫和两个儿子。

学校中唯有艾米是与我打交道最长的老师，却也是性格特点最难描述的人物。我想，这也和学校中 counselor 这一职最忙碌有关，艾米与家长交流语气公事公办，不带个人情绪，刚刚认识是这样，后来熟悉了也是这样，她没有时间，也许也没有兴趣和一个东方来的家长聊聊天。可她是个办事极有效率的 counselor，给她写邮件询问任何事，都是当天便回信答复，信件简短扼要连寒暄都省了。

说实话，最初，我对艾米不带个人色彩的公事化风格有点不习惯，渐渐地，我认识了这所高中的其他老师，他们大部分和艾米一样，生在此长在此，这个“此”是指美国腹地中西部，不仅中西部且是农业州，我渐渐明白那些来自东岸的美国大学教授，为何脸带讥讽的笑说，这里才是真正的美国，原来，所谓真正的美国，意指传统而保守。

很多中西部美国人从未去过亚洲，他们甚至也不去纽约，他们告诉我，纽约充满罪犯非常不安全，是个罪恶之城。但是，他们不会告诉我，在他们看来中国是个什么样的国家。

一句话，他们是非国际化的美国人。因此，他们不会总是满脸堆笑以一种救赎的姿态，面对来自第二、第三世界的外国人。而之前我虽然来去美国多次，都是以被邀请的身份，打交道的都是思想开放自由主义色彩浓郁的艺术圈人士或大学学者，彼此之间有深切认同和尊重，有超越语言的共同话题，因此感受到的目光有高度热情，接受的是贵宾待遇。

入学第一天，艾米拿了 O 奔初中四年的成绩单立刻算出他九年级第一年学分，不错，学分足够。艾米认为 O 奔可以从十年级开始，这样的话，高中三年不到就可以毕业，可是我担心他英语还很初级，由于申请美国大学必须出示 SAT 或 ACT 成绩，这两种考试，学生可以考几次，选出其中一次最理想的成绩放在申请表上，许多学生从十年级就为考 SAT 和 ACT 做准备，一年考个两三次，也就到了十一年级，十二年级开学就要申请大学了。

对于外国学生来说，这 SAT 和 ACT 考试的英语部分并不容易，想要拿到理想的成绩，需要在语言上花时间。

现在，十年级第一学期马上要结束，即使十一年级才开始考 SAT 或 ACT，对于 O 奔，英语准备无论如何都太仓促，有中国家长曾经劝我考虑让孩子多读一年高中，我便试着问艾米是否能让 O 奔从九年级开始读，她虽然说 O 奔无需再读九年级，却也没有不同意。

美国是按孩子年龄分不同年级，我之前曾听洛杉矶的中国朋友说，她儿子也是这种年龄过来，要求多读一年高中，学校没有同意。有人解释说，美国公立高中是义务教育，不收学费书费，多读一年不就多用纳税人的钱吗?

事实上，在移民人口密度高的加州和纽约，好学区的公立高中份额紧俏。我在纽约皇后区的森林小丘住过一阵，森林小丘是皇后区的好学区，纽约城的中产阶级华人买房子将森林小丘视为首选，一些从国内新搬来纽约的中国家庭，为了把孩子送进森林小丘的公立高中，便都涌去森林小丘租房。

艾米当天就给 O 奔安排了课程，并为他打印出课程表，每天的课程相同，但一天中每节课在不同教室，艾米让 O 奔带着课程表立刻去图书馆办理借书证，本学期课程要求的所有教科书，都是从学校图书馆借阅。

这天艾米又请来一位叫李数的中国学生，陪 O 奔参观整所学校，李数是 senior（十二年级），个子瘦小戴一副深度近视眼镜，他是因为父亲来这边大学做访问学者，和母亲作为家属一起过来。现在他的父母已经回国，把李数留在这里继续读高中到毕业，这孩子没有辜负父母期望，他成绩优良，性格沉稳，艾米称赞他是学校的骄傲，那时李数正在申请美国大学，他已经接到纽约哥伦比亚大学录取通知书。

艾米也给了我学校邮箱的密码，我可以用这密码进入为家长开设的网页，检查孩子的各科成绩和出勤记录。

对于学生每一节课出勤这件事学校管得很紧，学生生病或迟到缺勤，家长要写请假条或电话通知管理学生出勤的办公室，无故迟到或缺勤学校都有记录，并且当天便用电脑电话通知家长，有些学生虽然去上学了，但在中间离开学校，学校也都记录在案并及时告知家长。没有得到家长准许的缺勤，不仅影响学年的平均分 GPA（Grade Point Average，即平均成绩），且累计几次要受处分。

这天，在艾米办公室，因语言障碍，各种事情的沟通并非那么清晰，不过我有了她的 e-mail。可以随时和她联系，比起听和说，也许我的读和写的能力更强一些。

从学校出来，我如释重负，这几个月所有的折腾没有被辜负，我脚步轻快走在前面脸上一定挂着笑，回转身却见 O 奔沉着脸，我问他，怎么啦？他说，我想回中国读高中。

我一愣心跟着一沉，但也很快就明白了，在学校待的这一两小时里，连我都很累，是语言交流不顺畅带来的疲惫，儿子感受的压力就更大。不过，我仍然是乐观的，他曾经在纽约小学读过一学期，之后在新加坡小学读了一年，我相信他很快就能跟上英语世界的节奏。

04

初识美国公立高中

美国公立高中的建筑布局大同小异，我在驻校作家期间，每星期去附近各城镇的学校讲座，见识了不同区域的公立高中。一所高中，千多学生，教学楼外观上都是相似的长方形深褐色砖墙建筑，学校的剧场体育馆包括篮球场都设在这栋长方形大楼内。

美国高中是学分制，课程设置类似于中国大学本科，分成必修课和选修课，因此虽是高中却没有固定班级，且常常会和不同年级的同学坐一间教室。一节课五十四分钟，课间休息五分钟，学生们在课间五分钟里按照课程转换不同教室。因此，下课铃声一响，长长的走廊簇拥着转换教室的学生，楼高四层，地下楼层也有教室，刚开学时，最好带着自己的课程表，以免忘记各节不同课程和教室。上楼下楼，常常需要到储物箱里放书拿书，因为教科书都是硬封面的精装版，每本几百页，非常厚重，这五分钟只够用来做这些事。好在上厕所这件事并非要求在课间完成，要是上课想去，举手报告老师，是被允许的。

由于高中教室是以课程划分，每间教室就有了自己课程的特点，化学课教室就像实验室，有长长的用来做实验的工作台，放着瓶瓶罐罐，艺术课教室则是五彩缤纷，贴满学生的作品。教室里面附有小房间，是课任老师的办公间。

公立中小学的学生不用付书费买书，教科书是从学校图书馆借用，因此必须小心爱护书本，不能划痕折叠，学期结束准时还回，损坏赔偿，逾期不还要罚款。这些教科书都是大开本，厚得像百科全书，硬封面精装本，好几十美元一本呢，多年用下来的教科书已经很旧了，有些书脊已有修补，但被勉力保持住原有的整洁，这是最让我叹为观止的现象，想着国内年年印刷的海量的教科书，眼前幻化出成片树林消失的景象。

长长的走廊，两边排列着被称为 log 的储物箱，每个学生拥有一只储物箱，除了放厚重的教科书，还可放衣物鞋子，冬天教学楼华氏七十度的暖气，只能穿 T 恤衫，学生上学穿去的羽绒外套、上体育课需要替换的运动服、运动鞋等，包括吃食都可以塞进这只储物箱。

每年寒假前，学生要和 counselor 讨论暑假后新学年的选课，counselor 会根据学生未来读本科或专科的计划给你一些建议。必须完成的必修课，counselor 一定要给排进课程表里，选修课未必能按照你的心意修到，尤其是热门的选修课。所以，如果迟迟不去 counselor 那里讨论课程，想要的选修课可能就拿不到了。Counselor 也会根据学生前一学期的成绩进行调整。对于刚从国外来的学生，关于必修课和选修课的选择，家长和学生还完全没有概念，counselor 便根据他们从国内带来的课程表做安排。

秋天开学前夕，学生和家长会得到新学年的册子，一本是学校的联络手册，行政办公室老师放首页，之后是全校两千多名高中生的家庭地址和家长姓名，以及学校课任老师的电子信箱，末页是学校领导的联系方式。

手册中有学校当年度日历，学年日历包含一学年里三个学期的开学和结束时间、节假日的停课日子，以及家长会的日期时间。也包含了学校每天的日程表，早晨 8: 05 开始第一节课，每节课是五十四分钟，中间休息五分钟，第一节课之前还有 early bird（直译早鸟，通常指早起的人，这里指正式上课前的早读课程），early bird 课程由学生自愿报名参加。放学时间，除了星期四提前一小时下午 2: 20 放学，一二三五是相同的，都是下午 3: 20 放学，这应该是全州中小学相同的时间表。这个时段，街上便有黄颜色的校车在行驶。

午餐时间有点复杂，是和第四节课混在一起，学生们分不同时段吃饭，所以上课时间和吃饭时间分 ABCD，比如，A 时段吃饭的学生，上课时间是从 11: 29 ~ 12: 23，用餐时间是 10: 57 ~ 11: 29，B 时段的学生，上课时间分两段，前一段上课 11: 02 ~ 11: 18，中间用餐，第二段上课时间 11: 50 ~ 12: 23。也就是两千多名学生分成四个时段吃饭，餐厅不至于太拥挤。

每个学生每学期用餐时间不一定相同，由于习惯了前一学期的用餐时间，后一学期开始时，便发生了儿子错过用餐时间这样的事。同样，学期开始时，心不在焉的他会走错教室，假如没有带上学期手册，会突然忘了某节课的教室在哪一间，需到办公室去询问。虽然都是小细节，却也是小挫折的累积，尤其是，他才上了几星期课，便遇到换新学期，在新环境里更加手忙脚乱。

秋季新学年开始时，学生和家长另有一本重要手册，是关于本学年学校课程负责老师和各门课程的阐述。课程部分的介绍很详细，帮助学生和家长就学生未来发展做一个系统的规划。

高中体育系在学校是个受到高度重视的系科，这也部分体现了美国校园文化的价值观——擅长运动的学生在学校受欢迎，尤其是橄榄球队和篮球队的顶尖队员，他们绝对是校园里的明星学生，走在学校走廊，后面尾随一大批粉丝。而那些功课好的学霸们却被贬称为 nerds（此译书呆子），男生们似乎很不喜欢被称 nerds，我朋友说他儿子为了不做 nerds，故意把自己的分数弄得低。

延续到成人社会，运动仍是一件非常受关注的事。且不说有钱人多么重视健身，擅长一两项运动是他们的成功标志之一，普通民众对运动的狂热劲头在爱城亦可见一斑。

我们这么一座小城的 down town 竟有八万人观席位的球场，是秋天美国大学橄榄球赛季的赛场之一，当本城的球场成为主场的前一天，down town 周围马路边上搭起帐篷围栏，外州观众已陆续赶来，周边的旅馆都已爆满，警车停在各街口，预示着一场狂欢的到来。

到了比赛当天，除了主干道，周边的小街泊满外州来的车子，甚至我们公寓的停车场都被外车停满。比赛还没有开始，人们已经开始喝酒，有人在露天开起派对，头上绑着绸带写着各种支持口号的，并不只是年轻人，上年纪的男女也一样疯狂，他们在街边空地放着音乐跳起舞。比赛正式开始，观众席里已有一部分人喝醉了，各种叫嚣嘶喊，啦啦队表演堪比百老汇歌舞。朋友劝我想法弄票进球场体验一番，对一个体育盲，看疯狂的观众、看啦啦队表演远比看球赛过瘾。

赛季的周末，城里空气中弥漫着狂热痴迷，那种 high 劲头让我们这种对球赛没有兴趣的人觉得自己被 out 了。这些球迷每人每年花在秋天赛季的开支，据说也是他们一年里最大一笔开销，包含每星期的飞机票、酒店住宿、球赛门票、餐馆酒吧，等等，中西部美国男人仿佛个个是球迷。

除了备受重视的体育系，这所西区高中还有十四个系，分别是：艺术、商科、英语、家庭和消费者科学、工业技术、语言艺术、图书馆、数学、音乐、体育、科学、社会研究、特殊教育、外语。

其中的“家庭和消费者科学”课程不仅实用，应该说非常体现与我们国内不一样的教育观念，这个系里有编织、烹饪、屋子设计、照料孩子，以及照管自身的常识和技能，尤其最后一项，是为学生将要去大学开始独立生活做准备，让你学会如何租房、打扫、购物、做经济预算等各种家务，以及，在心理上、行为上、两性关系上学会如何为自己负责。

孩子的动手能力训练直接影响自我人格成长，我也是在美国文化环境中，越来越明白让孩子去打工比他拿到好成绩更重要，孩子们为自己赚生活费同时是学会为自己负责，而我们这些中国家长往往把打工学做家务排在成绩后面。

一本高中课程手册，开篇便是关于平等的阐述：本州本学区反对各种歧视，包含民族、宗教、性别、出生国、信仰、年龄、婚姻、性取向、老兵身份或者残疾，如果遇到这类歧视或不平等待遇，联系学区的平等协调办公室（列出了地址和电话），等等。

但是，也正是在诸如此类看起来是正面的信息里，获得的反面信息却是，歧视仍然是这个国家的社会问题。

这本手册还包含高中毕业生必须达到的各项指标，如果在学年里修课少，学分完不成，可以在暑假补修高中课程，或者去社区大学修课拿学分。

学生在上了几天课以后，发现自己不喜欢这门课或不喜欢这门课的老师，或者学生觉得自己还有能力增加课程，学校给予学生增修或弃修课程的时间。每个新学期学校给你三天时间增修课程，给你三个星期弃修课程，假如这门课最初分数不及格或不理想，三星期内弃修不会算成绩，假如中间或最后总成绩不及格要重修，这门课的成绩是要算进平均分里的，也就是，会影响你的 GPA，而平均成绩包含了平时的作业完成状况（不按时交作业会得零分），课堂测验以及期末考试，申请大学要看你的 GPA 和 SAT 成绩（或 ACT 成绩），以及自我陈述的文章。

美国高中设立了一些大学课程，简称 AP 课程，等于是提前完成大学的部分教育。这些多是大学第一年的必修课程，每年全国范围有统一的 AP 课程考试，读了 AP 课程，还要通过 AP 统一考试，才算拿到这门课的大学学分。

通过 AP 考试拿到大学学分，学生以后上大学家长可以省下这几门大学必修课程的学费，因为公立高中任何课程都是免费的。同时学生本人也为以后本科或专科学习省下时间，可减少未来的学习负担。有人认为进入美国大学本科，才算开始艰苦的学习生涯，这一点恰恰和中国大学相反，中国学生一路经历严酷学业，一旦跨进大学校门，便宣告“松绑”，开始过轻松日子。

而美国本科课程，往往要花费五年时间完成。此外，高中修AP课程还有一个重要功能，对于申请名校有加分作用，至少，AP课程成绩提高你GPA的含金量。

所以，修AP课程的大部分是华裔学生，如今美国东西两岸的高中，华裔学生有越来越多的趋势，竞争就变得激烈。纽约和加州好学区的高中，华裔学生人数如此众多，以至发生这般现象：朋友的女儿虽生在美国却在上海长大，英语自然不够熟练，初中时被送去上海的国际学校，上海国际学校都是来自不同国家的学生，在一起当然只能讲英语，她的英语因此突飞猛进，回到出生地洛杉矶读高中，班里全是中国学生，想想有些荒谬，到美国高中却是浸润在中文环境，她英语反而退步了。

且不说日常生活里的琐事在异国他乡变成了各种需要学习的过程，学校的信息量很大，称职的家长应该每天上学校的家长网页看一眼，可我很少有时间浏览。所以，关于AP课程的信息我也是后来渐渐获得，即使觉得有用也未必适合自己的孩子，像AP课程里的文科部分，英语是母语的学生都未必有把握过关，而数理化部分，又必须先把高中部分的课程都修完，也就是你在高中前两年要修多一些课程，但对于外国学生，还得加修ELL课程，我可能过于重视让孩子适应新环境，不去push（推动，给压力）他学得再卖力一点。

也许是受了周围美国人的影响，总觉得读完高中申请大学是一件顺理成章的事，并没有让孩子非要去读常春藤大学的意愿，儿子将来朝哪个专业发展，他不清楚，我也没有想法。按照美国人说法，他们的孩子到了本科毕业，还不清楚自己未来朝什么专业发展。

美国综合大学本科有个最大的学院——College of Liberal Art and Science（文理学院），就是给还没有专业倾向的学生们读的。事实上，美国几所排名最前的私立college，都是Liberal Arts（人文学院），不设技能类的工科或商科专业，这些私立名校贯穿着传统的教育理念，即教育不是用来学赚钱技能而是获得必须具备的知识和学养，给学生打下坚实的人格和学术基础，为他们将来的奋斗提供基本功。

私立名校的人文学院不设研究生院，从这类人文学院出来的学生继续读学位，很受各大名校欢迎，很多学生申请继续去读律师和医生。说到底，进了私立名校就是进了一个圈子。进美国名校，除了成绩单，还需要有其他方面的条件，在学校是否参加俱乐部活动、球队和运动，以及做志愿者，如何陈述自我的文章，都是进名校的条件之一。

只要有经济能力，美国中上阶级家庭更愿意把孩子送进私立college，就是前面说到的人文学院，这类学校规模小，管理严格，老师和同学以及同学之间容易熟悉，学业要求高，学校声誉好，毕业后找工作相对容易，继续读学位，申请常春藤大学也很受欢迎。

假如不打算进收费昂贵的私立名校或常春藤大学，对于美国高中毕业生，选大学并不复杂，一般工薪阶层的美国家长会让孩子在本州的州立大学读本科，因为本州居民只需付一半学费。

美国大学本来就是普及教育，给我们家修水管的工人也都有大学文凭。比较实际的家长认为，孩子读完本科，方向明确了再选择专业继续深造，那时再设法去名牌大学读硕士和博士，因为读高学位也相对容易申请到奖学金，即使没有奖学金，孩子已经成年，可以自己挣学费。总之，本科时不去拼私立名校，家长负担轻很多。

美国人不太和人攀比，有些家长或学生本人为了省学费，先去收费低廉的社区大学读两年，之后再转到州立大学读大三大四完成本科学分。

有些孩子即使本科毕业也未必清楚自己要什么，他们通常先去工作几年，更成熟后，明白自己的未来方向后再回学校读学位。也有美国孩子一路读到大学觉得厌倦，一时也不知道自己未来要什么，便休学去打工，但这样的情况很少发生在华人家庭。

带着儿子去美国读高中，从某种角度，也是一种逃避，从一种恶性竞争的严酷教育里逃脱，仅仅是为了还他一个健康的青少年人生。来到美国最让我释怀的是，无论进高中还是大学，都不是什么人生中的难题。

美国高中虽然要求学生完成数学和科学（包含物理化学和生物）的必修课，但必修课里课程深浅程度不同，可按照你的能力选择深或浅课程，程度不同但学分一样。选择更深程度课程的学生，可以为读 AP 课程做准备，AP 课程对于学生之前选读的高中课程是有要求的。

选修课既有比基础课程度更深的课程，比如语言类的创作课、小说课，数学和科学类的 honor（直译为荣誉）课程，也有兴趣性的课程，裁缝、烹调、摄像、摄影、雕塑，以及专业性强的课，如会计传媒宗教学等。

美国高中生家长，更在意自己的孩子是否交到朋友，好像有没有朋友这件事远比学业重要，我的美国朋友，从来不问我儿子成绩如何，却常问是否在学校交到朋友。美国家长也没有“早恋”的担忧，恰恰相反，会非常开心甚至骄傲地告诉朋友：“我儿子有女朋友了！”或者“我女儿有男朋友了！”所以他们见到我儿子，第一句话便问：“有女朋友了吗？”

由于高中学生根据个人程度和兴趣选择课程，每种课程的教室不同，每天七节课，七个不同班，从国内去的孩子有点不习惯，好像失去了某种归属感，移居来此的异乡学生，没有班级这个载体，交朋友变得不容易，尤其是这类小城高中，很多孩子从小认识，已经有自己的朋友圈，这更增加了外来孩子的疏离感。

但放学后有名目繁多的俱乐部，包括同性恋俱乐部，各类球队乐队，所以高中生更多是通过课后的俱乐部和体育艺术活动交到新朋友。

第一学期的几个星期很快就过去了，无论儿子还是我，都有点投五投六（上海话，意为手忙脚乱）顾此失彼。他忙着适应异国高中的节奏，每天变化数次的教室和老师，不同班级的同学，让儿子眼花缭乱十分疲惫，而让他最疲惫的，当然是语言。这里与东西两岸学校最明显的不同是，学校的中国学生很少，最初一年的课堂，儿子竟没有碰到一个中国学生，这种彻底的完全的不由分说的英语环境未必是好事，虽然会有许多家长认为这是好事，仿佛因此就可以逼使孩子去学第二语言，却不知在最初阶段，增强了孩子融入新环境的难度，必然会给孩子挫折感。

数理化的课程并不难，但用英语听课就是另外一回事了。高中没有固定班级，当然也不存在班主任这个角色，学校里有需要帮助的事可以找counselor，但找counselor要预约，她管理几百个学生，随时有学生要找她，不可能随找随到，也许要排队等候，当天预约不到，得等她来找你，这样的人事结构对于孩子也需要适应。

不过，学校功课倒是不多，与往日国内功课比，简直太少了，少到让一个曾经做不完家庭作业的孩子，回到家竟有点茫然有点若有所失。

05

没有免费的娱乐

儿子需要适应美国高中节奏，我也在学习如何在异国他乡建立日常生活。安家后便去买电视机，买了电视机才知还要申请装电视 cable（宽带）买频道，在我们这种地域宽广的中西部小型城市，电视不买频道几乎收不到节目。

Cable 里不同的电视频道价格不同，这长长的菜单要仔细研究才搞得清，好在有基础频道系列，月费十三美元多一点，这基础频道有十多个，但部分是当地或学区的电视频道，能看的就五六个，却有三大商业频道 ABC、NBC、CBS，新闻的需求量是足够了，最大的差异是基础菜单里没有娱乐节目为主的频道。

当地有位激进的美国人反感美国电视节目，他认为电视频道都只播放垃圾，除了十三频道。十三频道也在基础频道里，这位激进人士的论断让我特意关注了一下十三频道，这个频道多播放教育或科学方面的信息，这类信息不带任何政治倾向，这，正是他不排斥十三频道的主要原因。

我曾在纽约遇到过一位美国教授，他参加过越战内心有创伤，支持卡斯特罗，令女儿也成了古巴控。这位教授的父亲，曾经在华盛顿 DC 任职，是政府上层官员。因为政治观点迥异，教授与父亲脱离父子关系二十年。教授的第二任妻子是中国女子，因此教授爱屋及乌，热爱中国，并成为一名不懂中文的中国老文青。此人深恶痛绝美国电视，原因是厌恶传播媒体，他自豪宣称，他家没有电视机，如果有也早已被他扔出窗外，因为他无法忍受任何政客的任何演讲，不管是共和党还是民主党。

我身边也有华人朋友不买任何电视频道，她是大学生物系教授，生命有效时间都消耗在实验室，没有时间看电视，她利用每天早晨起床后的盥洗时间，听无线电广播新闻。我每每听到她说 radio（无线电台）这个词，总会一阵阵感慨，这无线电广播曾陪伴我们度过童年少年，许多音乐甚至电影是通过广播听来的，这无线电曾像现在的因特网，须臾不可离，住宿在外要带上便携式半导体。然而这是多年前电视未普及时的传播和娱乐方式，现在在中国，还有人在听无线电广播吗？

互联网时代，甚至电视都可以忽略，我儿子这一代有个电脑就解决一切。但是，爱城 down town 有家书店，坚持了几十年的星期天下午的小说朗读，每次朗读都有 radio 做直播，可见，还在听 radio 的，不仅是这位教授。

不仅不买电视频道，教授家里也没有网线，她的客厅一角有舒适的睡榻，睡榻四周堆满书籍，她还利用极有限的业余时间在自己的大学修一门希腊文，她对古希腊文化颇有心得，用中文撰写这方面的随笔发表于台湾和大陆的报章杂志。她也熟读红楼梦，对国内红学专家有关红楼梦论著，有不同看法。

有位朋友的丈夫是欧洲人，虽住在美国却对美国文化嗤之以鼻，他也不买美国频道，他家的电视机用来放碟片，给他孩子学前辈的母语。当然，也可以用来看欧洲影碟。

二十世纪九十年代我在上海遇到的一位美国演员告诉我，在他成长的岁月，父母是把电视机锁在柜子里的，看电视的时间是被规定好的。如今在美国人家里，仍可看到他们的电视机是放在可以上锁的柜子里。

我以前很少看电视，来到异地后，失去了原有的社会关系，也没有一份职业让我和美国社会发生有机联系，没有电视就像活在真空中。而对于有孩子在校读书的家长，电视另有一个重要功能，那也是同做家长的朋友作为一种生活常识告诉我的：漫长的冬天马上开始，不时会发生冰风暴或冰雪暴或冰雨，除了看即时天气预报，也可从电视预先获知学校是否因天气原因取消课程。

遇到坏天气，行走或开车都很危险，城里会暂时关闭所有的公共设施服务，一些高速公路也会临时关闭，这些消息都是通过电视台播放。本地电视台的气象节目预报频繁播出，具体到一天里每个时辰的气候细节。雨雪险恶的冬天，我常常整天开着电视，随时知道何时不应该出门。

漫长的冬季，电视之外，电话也有重要功能，因为不同地区的冰雪状况不同，各校取消或延迟上课时间也有不同，因此在当天清晨六点本地学校还要通过电话录音通知家长，这六点钟的电话多半是取消当天课程，冰雪天的清晨可以不用出门，是多么安慰人的电话通知。每当接到这样的电话，不仅儿子，连我都会欢呼起来。

当然电视基础频道对于普通美国家庭远远不够，有一种 family program，是为家庭这个结构配置的多频道菜单，共有一百多个频道，每月缴费八十多美元。这 family program 内当然有电影频道，但不包括 HBO 频道，HBO 即家庭影院频道（Home Box Office），二十四小时持续播放影视而不设立广告，这频道还要另外付钱买，像著名美剧 Sex and the City（《欲望都市》）便是 HBO 出品。

有一阵，儿子想看体育节目，于是付费增添了体育频道，但是，这所谓体育频道只能看大学系统的体育比赛，像 NBA 这类俱乐部球队比赛，还要另买频道，而且必须在 family program 基础上买这款频道，所以这昂贵的体育频道只能放弃，实在是不想为儿子看球赛付太多钱。

买哪一种类的频道节目系统，有时很难决定，因为无法判断。这菜单上频道节目密密麻麻，没有耐心细读辨别，一些频道必须看过才知道是否合适。比如这“体育”频道，也是买来后，儿子才发现不是他要看的体育节目，好在你可以随时带上黑匣子（宽带盒）去退货，这家公司的办公室就在城里，我来去多次，每次都会排个短队，但这远远好过用电话跟这些营业部门打交道，而我将会渐渐发现，退货这件事，是美国人的日常琐事之一。

电影频道跟体育频道一样，也不能单独买，都是和 family program 绑在一起。我从未买过电影频道，我搬来不久，便收到朋友的礼物，整整一年的 Netflix 电影卡。

这是纽约好友永玲送我的搬迁美国新居礼物。Netflix 电影卡是一种交付年费或按月付费邮租 DVD 电影片子的租约卡，可以从 Netflix 网站的电影目录单找寻并订租你需要的影片，之后这家公司将你订租的片子通过邮局送到你的信箱。送来 DVD 片子的封套里，已配好返还片子邮递时不用付邮的信封，你看完影片后所要做的动作，不过是将片子套进原有的塑料壳，之后放进附邮来的信封，连粘贴都在信封上，封好信封走下楼梯走出公寓楼，再走十来米，那里站着个邮筒，将信封扔进邮筒便完事。邮车每天光顾两次，你很快就收到 Netflix 发来的邮件告诉你，他们已收到你寄回的片子，并欢迎你继续订租。

问题是，热门电影很难立刻租到，你可能需要排队等候，你便重新找一批电影，仍然需要排队，继续找，总会找到你可以看到的电影，因此，在网上看节目单订租片子要花上不少时间，尤其是我们这类外国人，对美国电影并非了解，只知道一些得奖影片，有时，正在播放的热门影片也已听说了，但这些电影不可能立刻租到，要排队等候。而租借其他你并不了解的电影，还必须花时间看电影介绍，密密麻麻的英文字，你也不耐烦去读完它。

毕竟不是真正影迷，看电影是即时冲动，租来的片子没有立刻看，多半是退而求其次的片子，没有太大兴趣，或者说，等拿到片子时，已经失去租借时的热情，加上其他事情打岔，片子在你这里搁了太久竟忘了，你完全没有意识到别人还在等你这张被搁在家中杂沓堆里的片子，同样，你想看的片子有时就在别人家的杂沓堆里，他们也懒得理会，假如其他借户也像我这样心不在焉。难怪有时等一张片子等好久，等候时间太长，长到已经忘了当初为何选择这部片子（比如订租时是看了影片的文字介绍），因此失去看这部片子的愿望。

朋友为我付了一整年的租借费，我们只借了不到十张片子，我心怀内疚，觉得辜负了朋友的好意。不那么起劲邮租电影还有个原因是，如果是热门大片，需要排队还在其次，大片在大银幕上观赏才过瘾，所以直接就上电影院了。通常我会邮租文艺片，但这类片子有大量对话，便有个语言问题，在美国看美国电影，没有中文字幕，看得累就没有心情了，除非想学英语，但想学英语可以随时打开电视，也用不着专门去借片子来学。

那时候儿子每天在学校被英语折磨，回到家赶快上网，一头扎进中文世界，完全不理会我租来的片子。

怕耽误别人也怕麻烦，两三个月以后，我把片子还清，就完全不和Netflix打交道了，却又不想浪费，遇到朋友便问他们是否想看电影，但认识的朋友不是在教书，就是在读博，也没有看电影的心境和时间。我终究还是辜负了朋友的好心。

现在儿子在美国读大学，自己租房住，他是影迷，会买Netflix卡租电影看，如今的Netflix也比过去方便，付费后可以直接上它的网站看电影。想起当年我们并未享受到Netflix的便利，作为异乡人，这实在算不上坎坷，不过，此时回想，心里某个角落仍然残留淡淡的阴影。

06

一叠奇怪的账单

比起电视，网络更加不可或缺，当时有两大公司在争夺客户，我无法判断，只能通过咨询朋友，跟着大部分人的选择，选了 D 公司。D 公司是通过电话网线上网（居然现在还有部分用户是用该公司的电话网线），一年后，与之竞争的 M 公司率先用宽带，上门促销，各种优惠，于是我便把网络转向那家公司，但麻烦也跟着来了。由于 D 公司在本地不设办公室，终止服务只能通过电话通知。

在美国打电话给公司，是一个非常耗时的过程，就像剥笋得一层一层剥，你需按照电话录音指示按键，从 A 进到 B，再从 B 进到 C，然后要报名字账户诸如此类，你报了，他机器回答听不清，于是你懵了，举着电话发呆时，它又回到原点，你亦步亦趋按键，不小心按错了，又重新开始。

不可理解的是，现在中国许多公司似乎是赶时髦，也去弄个机器应答，我们人工并不贵，为何不设身处地想想，这种方式只会给客户带来麻烦，最后，一定是被越来越失去耐心的客户无情抛弃。

异国他乡，语言总是我的最大障碍，有时，你完全不知道录音里在说什么，如果那时有个接线员，你只要告诉她你找哪里，而用不着听那么多废话还加广告，是呀，即使美国人也必须走这个程序，一次又一次地跟着录音按键。我常常在想这个问题，对于公司，安装录音设备当然比人工服务代价低，然而每个公民都在付他们的时间成本，我的一位长住美国的中国朋友开玩笑说，难怪美国现在出不来伟大作家，时间都被消耗在这类琐事上了。

给电信公司打这电话，即使好容易按到你需要的部门，接你电话的往往也是母语非英语移民，听到最多的是印度口音的业务员，因为拨的是 1800 的号码，所以很有可能这通电话是接到坐落在印度孟买的办公室。这类公司通常跨界亚洲。

不过我仍然记得，我第一次打要求终止网线服务的电话，接电话的人，听口音是个美国本地男子，他仔细询问为何要换公司，我便告诉他 M 公司的优惠条件，于是他许诺这些优惠他都可以给，推荐了好几个服务项目，这时我才知道，有些电话服务项目我从来没有用过却一直在付费，啰嗦了老半天，他给了我一个比原先低的基础价，却又增加了另外几项服务，近一个小时的电话讨论后，其结果无比荒谬，我好像被洗脑一般，做出了非我原来计划的决定。我不仅没有终止对方服务，且还增加了收费，因为又增添了好些服务项目。

隔了一阵，头脑重新冷静的我打算再次电话这家公司，这次我想好无论对方说什么，都不要为之所动，我对自己之前的被洗脑只觉得不可思议。

这次接电话的是位华裔女性，她会说一点中文，我们半中半英交流，她也是问了许多问题，也许诺一些条件，并说服我买他们的卫星电视盘，总之，又是一通长电话，而且推销的项目更非我需求，我有点失去耐心，告诉她我什么也不买，我也不是换公司，我撒谎说要回中国，终于让她答应给我把合同终止。

然而第二个月，我却继续收到账单，我只得再电话，这次接电话的仍是个美国本土男人，我告诉他我已经终止合同，不再用他们的网线，为何还收到账单？他说公司并没有接到停止服务的通知记录，我说我已通知到了，要他查电话录音，他说时限已过查不到了。

我很生气地质问，其实是在重复之前的询问，我已经通知公司终止服务，为何还要我付费，他的回答也是重复，因为他们没有接到我终止服务的通知，结论是我必须付账单。我越来越火声音也跟着高了，对方态度始终冷静，每次回答完都会问一句，你还需要帮助吗？我告诉他，我需要帮助的就是这件事，我已经通知你们终止合同，我不想再付账，于是新一轮的循环又开始，结束时他还是要问，你还有什么需要帮助吗？一听这句问话我便火冒三丈，还要问吗？我需要帮助的就是这件事！我重复说这些话时觉得自己已经神经错乱，只得把电话挂了。

可是账单还在来，像关不掉的水龙头。因为没有及时付费，费用在上升，我不敢无视这些账单，假如不理这些账单，最终对方公司会把账单寄往讨债公司，于是我在美国的个人信用就有不良记录，以后孩子读大学需要贷款什么的，会有麻烦。

说到信用一事，这在法制国家可一点都马虎不得。我身边就有朋友工作多年从不耽误缴税，买房贷款时，说他有欠账不还记录，他很吃惊，一查，欠了图书馆七十多美元。原来，若干年前他为女儿借了一本书忘记还，借书不还要罚款，图书馆会有催还信件，但家里信箱每天大量信件主要就是各种广告传单，很容易就把图书馆的信件和广告飞单一道扔掉，于是这罚款在暗处年年上涨一点，莫名其妙地就让自己的个人信用打了折。所以在这法制国家，欠图书馆一本书都会影响你在美国的信誉。

要制止账单流向我，必须赶快解决问题。我仔细回想，上次虽然争了半天，但我是否没有明确地再说一遍，我要求停止服务这句话呢？不过，整个电话过程那个业务员应该很清楚我是要终止服务的，他是装傻，为了不接手“终止”这个案子？还是，就像朋友说的，他们只是有点死板罢了，一定要听到这句完整的句子：“我要求停止服务”？总之，我连发脾气都没有对象发，因我不知道那个业务员姓甚名谁，无法找回他说理。

冷静下来思索，好像也没有其他路径，只能通过电话解决，这时我才开始担心自己有语言问题，听不清或表达不清晰再一次造成误会，我请在外州电脑公司工作的朋友协助我一起电话交涉。这位朋友来美二十多年，又是在美国公司工作，无论英语交流还是美国社会的各种规则他都完全在行，更方便的是他有一支公司发的手机用来开电话会议，所以可以同时连线不同地方的人一起通话，也就是，我和他以及 D 公司，可以三根线同时通话。

朋友为我拨通对方电话，先让我告诉对方，因为本人的语言问题，委托身边朋友帮助翻译，对于公司方面，他们必须得到服务对象的这番要求，公司才会接受第三人参与对话。可是，这通电话仍然不顺利，我们的电话被转到另一部门，说了老半天才知那个部门并不处理“终止服务”的案子。

朋友头脑冷静，放下电话与我分析说，首先必须把接听电话的业务员的名字和工号留下，因为接电话的永远是不同的人，我担心对方不肯留名字，朋友认为不会发生这样的状况，假如你不满意他的服务，让他转到他的老板那里他也必须转，他提醒我，电话拨通时客户首先被告知，这通电话有录音。

果然再拨通电话，要求对方留下名字和工号时，并没有遭到拒绝。这次是位印度口音的女性，没有推销任何项目，也许我毫不掩饰生气的语气使然，庆幸的是，她终于把终止合同这件事完成了，朋友很仔细，要求她把我的账单号码和上面的金额数报一遍，于是我听到我的账单上的金额数字的确是零，我不用再为之前的账单付钱了。

然而，账单又来了。这一次是从讨债公司来的，那几张我没有付钱的账单被转到讨债公司了，我不敢耽搁赶紧电话到讨债公司，奇怪的是，对方一接我电话，也不问我的个人信息，就立刻说这事已经解决，说他刚接到通知，我不用理会他们刚发过来的账单。我不放心，拨电话试图找回之前留下名字的业务员，我担心很难找，未料立刻便把电话转给她了，这位印度口音的业务员解释说，这仍然源源不断的账单，是电脑程序上的问题，她向我保证，以后不会再来账单。

以后，账单果然没有再来。

这噩梦一般的电话游历，让我害怕和这类需要通过电话或网站与之打交道的商业机构，也很忌讳需要签合同的一些交易，有些商家推销产品很有技巧，合同条款里藏着一些 trick（陷阱），你不仔细读合同，或者不把细节弄清楚，就会中招。然而，由于语言的障碍，你却又很难付出耐心，去读英文合同上密密麻麻需要你同意的各种条款，我至今都很少去读那些条款。我只能努力尽量不跟这类服务公司打交道。这个，也是我的一位在美国大学做教授的中国朋友的经验谈，假如不想浪费时间，只能让自己的生活简单再简单，不被广告诱惑，不为一个推销项目滑入付费泥潭。

然而，无论商业机构有多少"陷阱"诱你花钱，美国终究是法律社会，你对为你服务的业务员不满意，可以通过他找他的上司，他不会拒绝你找他的上司。往往，最低一级的业务员最难许诺你什么，因为他的权力最少，到了中层问题解决就容易多了，也许到上层更容易，这也是我后来遇到这一类麻烦，得出的经验。

不过，这么奇葩的经历绝少见，更多时候，无论去银行商场还是餐厅咖啡馆，得到的服务还是很舒心的。因此内心对"被服务"的要求也在提高，这是另一个话题了。

07

当大自然触手可及

就像儿子形容的，虽然号称住在city（城市），但更像是置身countryside（乡村）。Down town主街，车子几分钟就驶到尽头，换道就上高速公路了，公路两旁是玉米田，高速公路上行驶几小时，不变的田野无边无际，连农舍都看不到。这样一种纯粹田野风光，现在的中国农村几乎见不到了。假如开车从上海往郊外行驶，离开市区车程两小时，看到的还是房子，新盖的高楼一栋连一栋，以为到了另一座城市，即便在偏僻的乡村，也很难看到一整块见不到房子的田野。

而现在，我住在一个仿佛由庞大的郊区组成的城市，居民区与自然生态交织在一起，山坡树林草坪河流，几乎在任何人家的窗口，都能看到这些景色，即便是我们这类成群建造的三层公寓楼，前面对着街，后面就是树林，走出楼群，马路对面是大片开阔地，夜晚站在小区门口的街边，可以一直眺望到另一座城市的灯光，那是一座规模稍稍大一些，有工厂和机场的城市。

从 down town 回公寓的这条马路，沿街都是私人住宅，有一晚驾车经过，竟有鹿群从楼房后面出来，车灯里看到的东西有点超现实，还以为是狗，想着，这狗也太巨大了！然后才意识到是鹿群，显然是鹿的一家，一公一母加一对儿女，它们不慌不忙横穿过马路，立刻又消失在黑暗的深处，那里有它们栖息的树林，就在那些住宅背面。

稍稍离开住宅区，便是大片坡地，春夏是悦目的绿色草坪，冬天白雪皑皑，可以利用坡度滑雪，几英里外便是参天大树覆盖的山林和湖泊，夏天，hiking（行山）或去天然游泳区只需几分钟车程就可实现。住城市能如此挨近大自然，在享受她的美的同时，也必然更能感受其威力，偶尔还遭受其肆虐。

这里地处中西部大平原，自然灾害警报频发，龙卷风、暴风雨、冰风暴、洪水我都遇到过了。英语课本里最先学到的句子，都是关于天气的谈论，并非只有英国人爱谈论天气，这天气话题，我们城里居民们也爱谈论，但听起来更像在谈论灾难片。我在家时，已习惯整天开着电视机，天气的瞬息万变，竟成了我日常生活的重要关注点，这也是我在上海生活不曾有的经验。以前在国内时，也常常收到自然灾害消息，还以为我们中国的自然灾害特别多，但是对于城里人，这些自然灾害却像是发生在远处，因为个人生活很少直接受到影响。

爱城在农业州，高速公路两边是玉米田，车开上几小时，风景不变，这一望无际看不见任何建筑的玉米田，可以绵延几百英里，据说正是这无边无际的广褒平原，龙卷风常来光顾。就在几年前，城里一座教堂被整个卷走，当时，教徒们正在教堂做礼拜，龙卷风警报响起后，教徒们都躲到地下室，等他们上来，教堂消失，只留废墟。

与儿子一起搬来两个月后的第一个冬天，便遇上多年罕见暴风雪。正逢学校寒假，儿子近中午才起床，催着他吃早餐，不如说是午餐，他打算烤比萨吃，却拖拖拉拉，还没有来得及开烤箱，就断电了，当时我并不清楚发生了什么，家里的数码电话机断电后就废了（以后另买了一支几美元的有线电话机备用），还没有配备当地手机，当地手机都是合约机，懒得签合约拖着没办，现在后悔了，一边在想，该敲哪扇邻居门去获得信息？

这公寓每层楼有四套房，我们这层，与我家面对面的是两名在读硕士学位的韩国男生，斜对面是外州来读学位的俩白人女生，与我家并排那套房住着来自苏丹的两位非洲熟男，想来已经工作。苏丹人又黑又瘦，形象与纽约高大威猛的黑人差远了，性情也大不同，比起纽约生存艰辛而变得激愤的黑人，他们温和友好得多。我进进出出很少遇见对面两户留学生，却常与非洲人照面，偶尔还聊上几句，从他们打开的房门，可看到布置得色彩缤纷的客厅，这间用心装饰的漂亮客厅，让我对他们陡升信任感。

于是我决定去敲非洲人的门。

果然，门一敲就开，非洲人展露白牙笑得真心热情，是小个子眼镜男乔治，这个白天，他一人在家，还不知断电一事，听我一说，便去开灯，确认和我一样状况后，立刻拨电话给租房公司，已知的信息是，断电是暴风雪引起，城里多处区域断电，这里楼群成片，想必很快会得到解决。

乔治打完电话把手机给我说，尽管给朋友电话，假如需要。我想了一想，好像没有特别需要在此刻电话什么人。通过非洲邻居与外界一通电话知道什么状况后，心里就不慌了，乔治再三关照，不用害怕，他今天不出门，有需要帮助随时找他，我就更不担心了。

假如说原先有一种与四周隔绝的感觉，与邻居的交流仿佛为我打开一扇窗，因为天气原因而引起的大面积停电，让我不再感到孤立，原来共患难也成了摆脱孤单的途径。

暮霭开始笼罩，才四点，冬天的黄昏本来就令人忧郁。此时，房间温度在下降，我开始焦虑，要是天黑了还不来电，要是房间的温度降到零下……我环视房间，又去打开壁橱门，没关系，壁橱里有的是衣服，如果夜晚没有电，至少可以穿上衣服钻进被子，但我心里并不相信会到这一步。

窗对面隔着马路的小楼房亮起了灯，那是一间牙诊所，他们可能有自己的发电机，因为周围一片漆黑，此时才会意识到夜晚已经降临。

事实上，我们并没有在漆黑中待太久，六点左右，电来了，仿佛电视机的暂停键被消除，静止的画面又动了。

好些日子以后我才知道，那天晚上只是部分区域接上了电，离城中心稍远的人家，彼此相隔甚远住家稀疏的社区，好几天后才通上电，那里的人们不得不开车逃离没有暖气的家，住到外城亲友家，或寄宿酒店旅馆。

这是我们第一次遇到因暴风雪引起的断电，所幸以后几年冬天，虽然不时有暴风雪或冰风暴，但再也没有发生过断电现象。

半年后的夏天，几十年罕见的洪水毁掉我们城里大学一半楼房，包括学校的大剧场和艺术博物馆。河边私人住宅也都被淹了，本来这河边一带房子，风景优美，离学校近，房价比别处高，住着不少学校教授。被大水淹后，住户们必须撤退到别处，即便水退了，也不能马上回去，被水淹过的房子，可能遗留有害物质和细菌，也有安全问题，在没有彻底消毒和通过安检前，淹水的房屋外有警察守卫，禁止住户回去。

台湾朋友秀娟一家租住的公寓楼被水淹，虽然她家住楼上，但楼房内所有的居民都需撤退，他们一家不得不借住朋友家，暑假中她儿子要回台湾需带行李箱，那行李箱是守在房屋外的警察帮他从屋里拿出来的。

想起在上海，亲戚住在人民广场附近，那条马路只要下暴雨便淹水，亲戚的房子在一栋老式公寓大楼底楼，每次淹水家里就遭殃，因此她家的家具下面都要垫高半尺，这年年淹水的房间，竟然从未被关注，更别提被消毒。

很幸运，我们公寓群楼在城市高处，水没有蔓延过来。我后来听说，那些被水淹过的私人住宅，经历了漫长的重建阶段。假如没有买洪水保险，便损失惨重。我认识的一位大学单身白人女教授，她的房子整个一层楼都被淹，直到一年后，由住在加州其前夫的兄弟，拥有一间装修公司的华人，开着卡车带了装修材料和助手过来，用了三个月的时间帮她维修。

我们邻城是座工业城，遭受水灾损失惨重，水在那个城市直淹到三层楼那么高，城市建筑基本都毁了。尽管每次坐飞机都是在这座城市的机场出发或到达，但从来都是直奔目的地。三年后，我和丈夫陪儿子去那座城市的私立学院考 SAT，在学院附近的 down town 逛了几圈。在为这场水灾建立的博物馆中，我们看到水灾前的城市建筑通过照片和模型被保存。

“昨天”是今天的历史，美国的历史短暂，让他们十分珍惜“昨天”，点点滴滴的记忆都努力保存下来。

在初夏的这场水灾中，我所在城市的居民们都出来做志愿者。我是和本力德通电话才知道，为了给流经城区的爱城河的河岸筑堤，本力德和他的大学同事以及本城居民已经运了几天沙包。本力德住处离我家不远，我开玩笑地责怪他做好事也不把我们带上。心里是真心不快，我认为他作为朋友有责任带我们进入志愿者行列，不如说，进入本地市民生活节奏，但我又很明白，他并没有义务负起这个责任。

这天是礼拜天，我说服儿子一起去做志愿者。我们俩站在车站等了好久没有等来巴士，才想起礼拜天城市巴士停驶。站在空无一人的街上，儿子转身欲回家，我把他拉住，那天，我特别迫切地要把他拉到志愿者的行列里，我好像希望他从中学到点什么，是否，做家长的都是“教育控”？

我拉着儿子，那时他十五岁，还勉强跟着我的指挥棒，我们走了一长段路，直走到学校巴士站，学校巴士礼拜天也通行。这里是学生的校外居住区，停车场聚集了一些中国学生，他们也想去河边加入志愿者大军，但是此时，有人过来告知，防护堤已筑起，志愿者都回家了。

是不是有点扫兴呢？以前从未有过做志愿者经历的儿子，此时露出失望的神情，当然，我的心也着实有点堵。我们这群异乡人，仿佛在旅途上掉了队，茫无目标地站在某地，是参与感受挫吗？为何这么容易受挫？我此刻回想，才突然明白，因为异乡人那颗脆弱的玻璃心。

08

转学风波

事实上，你无法体验孩子在新学校的感受。把他带到美国读高中，以为将他从地狱般的应试教育折磨中解救出来，以为可以还他一个健康的少年生涯，却不知，人生总有新的挑战和磨难在前方候着你。

去高中报到第一天，O奔的不快和要求回国的反应并没有让我太意外，小学阶段，他就有两次转学经历。

第一次是在他八岁，当时他二年级，那年丈夫和我被邀请去纽约访问半年，他因此在纽约的PS69（PS即Primary School，小学，纽约以数字排列不同学校，从PS1开始）小学读了一学期书。他上课的那间教室在我看来更像一间幼儿班，一个班级不到十个学生和一位女教师围坐在地毯上，这是他第一天进教室时的场景，老师起身到门口和我们简短交谈了几句，便把O奔领到孩子们中间，眨眼，他的注意力已经在他身边的新朋友身上，老师走到门口轻轻告知，没问题，你们可以离开了。

那间学校，只有我儿子一个中国学生，他告诉我，自从他来到这所学校，学校的布告墙上，在不同国家的旗帜后面，又添上了一面中国国旗。他每天去学校，说不上兴高采烈，但也不是不情愿，那更像是一间他早已熟悉的老学校。问他学校哪节课他最喜欢，他说学校只上一节课，因为那节课要做算术，课程表上还有不同的课，但显然，都是以游戏方式进行，所以儿子并没有觉得是在上课。

这间小学给我留下最深印象的，是他们的家庭作业，O奔每天都会拿回一本图画书和一张纸，纸上有几道问题，让学生写出书名和作者名，画一幅和书的内容有关的图，写关于这本书的一句评论。这便是一位小学二年级学生每天要做的功课。

是的，每天读一本书，便是这间小学布置的功课，阅读习惯就是这么培养出来的。那时我才明白为何纽约地铁上有这么多人在阅读，他们不是随便翻翻报纸或杂志，而是读一本本厚书。有人说，阅读是接近高贵的最低门槛，且不讨论高贵的定义，无论如何，阅读是终身自我教育的途径。

后来再去纽约，我才知道，我们访问纽约时住的区域，学区名次很低，当时邀请我们的文化协会，在这个叫杰克森高地的区域有几套常租公寓供访问者寄宿，访问者不需要住好学区，只要出行方便。那里是皇后区离曼哈顿最近的地段，交通方便，有五条地铁线，其中两条快线到曼哈顿中城只有两个站，所以这个区域也住了不少在华尔街上班的金融界单身人士，他们也不用顾及学区，结婚有孩子后，才会考虑学区，这样的家庭通常会选择住郊区，那里环境优美安全，并且一定是好学区。

公共交通便捷的杰克森高地，也是相对繁华的区域，商铺密集打工机会多，因此人口混杂，居住此地拖家带口的多是劳工阶层，属低收入家庭，印度人口居多，也有南美移民，O奔的PS69小学，几乎看不到白人，当然也没有中国人。

一般来说，有孩子的中国家庭最重视学区，他们绝不会在这种地区买房，通常会选Forest Hills，著名的森林小丘，在皇后区深处，离曼哈顿较远，是皇后区最有历史也最昂贵的住宅区，保存不少战前豪宅，住着富裕的老犹太人。犹太人就像中国人，重视教育，因此森林小丘也是皇后区最好的学区，住在纽约城的华人买房子若考虑学区，森林小丘是首选。

最近几年，这个学区的高中，有中国学生蜂拥而至的趋势，一些中国家庭，或者是把孩子从中国送来读书的家庭，为了让孩子在这个学区上学，便高价租房，公立学校是按照家庭住址收学生，只要你能搬进森林小丘，你的孩子就可以进这里的学校上课。一间原本只能容纳二千五百名高中生的学校，现在，因大量中国学生的到来，已增加到四千五百名。

我对杰克森高地这间坐落在差学区的公立小学，更难以忘怀，因为以我的标准，这间小学无论师资还是教育方式，都足够优质。那年暑假，我们非常不情愿让孩子和这间学校告别，一位每星期从学区办来学校，只是为O奔做辅导的华人女教师，也力劝我留下来陪儿子读书，但签证到期，我们必须回国。

回国不久，便有一个去新加坡国家电视台当合同编剧的机会，我们选择去那里，部分也是为了孩子的教育，新加坡的英语教育让我们以为他们的学校是美国学校的外延。

事实上，那是一种截然不同的经历，恰恰是新加坡学校对比出美国学校的开放。刚搬去新加坡，电视台提供我们住一星期酒店，期间找住房。虽然住房很快找到，孩子入学却成了难题。所在学区的学校教务处一位老师，知道我们是从中国大陆来，便指着 O 奔说，必须留级两年，这里是用英语讲课，你们大陆人英语不好。

刚从美国回来的我们觉得刺耳，敢这么说话也够奇葩，假如在美国就有歧视嫌疑，被人告也说不定。真是国情不一样，心里不满却投诉无门。但我还是忍不住告诉这位有偏见的教导处负责老师，我们刚从美国回来，美国学校对于外国学生没有语言要求，绝不存在留级一事，他们是根据学生年龄分配年级。得到的回答却是，这里是新加坡，新加坡学校就是规定大陆来的孩子要留级两年，却又告诉我们，学校名额已满，必须等下学期。

离开这间学校时，我倒是蛮想再说点什么纠正一下这位老师的偏见，转念一想，她未必听得懂，因为她说这些话时，直率到有点粗鲁，却不是故意冒犯。我和丈夫只能自嘲说，没错，这就是传说中的新加坡了。我之前已来去新加坡两次，遇到过这一类以自己国家为荣却拒绝了解外面世界的人，其实这样的人群不分国界到处都有，在新加坡特别有感触，是因为彼此尽管讲着同一种语言，却好像难以沟通。

我们当时很沮丧，因为完全没有心理准备，来到新加坡，孩子中途转学竟然是个大难题，然而已经签了电视台合同，否则倒是很想打道回府。

电视台方面说不用着急，我们拿的是专业人士工作签证，因此可以通过中国大使馆找学校，问题是使馆找的学校离家很远，但无论如何已经有了最后的退路，不如再找找看。在华人报馆工作的朋友介绍一间擎菁小学，虽在另一学区，但离家不算远，可是到学校一问，那里也没有学额。朋友劝我直接找校长请求，之前我与那些校长打过交道，已有心理障碍，怕听到让我不舒服的话，但她认为，校长也有素质高低之分。

我硬着头皮又去了一次擎菁小学，要求见校长竟见到了，校长是一位五十岁左右的华人女子，却不会讲华语，然而讲英语的华人女校长非常 nice 有教养。在我简短的请求下，尤其是知道我是电视台签约编剧时（不得不承认当时的工作身份起了作用），她立刻答应让我儿子进学校，并开玩笑说，等我写的电视剧播出时要告诉她。遗憾的是，儿子最后一天离开学校时，没能找到校长与她告别。

新加坡学校分上下午班，在这个空间有限的小国家，所有的学校是一间教室两个班级共用，以学期轮换，早班的学生，七点钟到学校，O 奔第一学期轮到早班，校车六点十五分从我们楼下开出时，天还墨黑墨黑，于是每天清晨五点半把孩子叫起床，成了我们一天中最头痛的事。

儿子不像一年前那么懵懂，任我们随意迁徙，他已经在自己的小学交上了朋友。此外，新加坡小学课堂有着我们国外家长不太了解的规则，当儿子听到我们谈论起鞭刑（之前不久，电视台高层有位香港人，其儿子和他国际学校的美国同学，因用油漆喷私家车而被法官判鞭刑）时，便告诉我们说，教室墙上也挂着藤鞭。我和丈夫感到惊诧，不过那时已经听到有新加坡家长说，与其以后让政府抽鞭子，还不如先在家里用鞭子（意思是用鞭子惩罚孩子）。

我们仔细询问孩子，有见过老师用鞭子抽学生吗？他告诉我们，没有见老师用鞭子直接抽到孩子们身上，但老师有时拿着鞭子在桌子上甩得啪啪响，他们还是很害怕。因此最初两个月，儿子很难适应新加坡，每天嚷着要回国。一年后，我们回国时，他却又哭着要求留下，因为他在新加坡小学交到了新朋友。

那时的我们只关注自己的需求和心情，我们无法认同新加坡荒漠般的文化环境，急不可待要回自己的城市，却没有去体会孩子的心情感受，我们对世界充满好奇，希望触摸不同的新鲜和陌生，却不知每一次的迁徙和变换，对于孩子都是伤害。

因此，去美国高中报到这天儿子所表示的不快，我认为是他面对陌生环境的即时反应，我相信他很快就能适应，比起新加坡，他更有理由喜欢上美国。

早晨，我站在窗前，看着儿子走出楼房，爬上一段青草覆盖的坡地，走上人行道，我看到他低着头在微笑。显然他渐渐地接受了现状，第一天有过情绪后，再没有拒绝去学校。

我想着不久前，他还坐在上海某中学三楼课堂，他的班主任咆哮的声音一楼就能听见，此时的我如释重负。

09

ELL 班：多元文化的入口

就像电视连续剧，随着剧情发展，剧中人物的困境得到解决，观众都舒了一口气的时候，新一轮波折又来了。

才上了几天课，儿子回家说，班里有黑人学生向他挑衅，我问他怎么个挑衅法，他说，他一进教室他们就对着他起哄，他一说话，他们就大笑还鼓掌，听起来像在嘲笑他，他听不懂他们在说什么。我告诉他，你是新来的学生，男生们总是容易欺负新生，反正你也听不懂他们在说什么，忍一忍就会过去的。儿子说，他们盯上我了，以后几年会一直闹我。我问他，你怎么知道呢？他说，有个叫叶安的台湾同学告诉他的，他是 senior（毕业班），他了解学校的事情。

我安慰他说，有什么关系，你们不是每节课都要换教室换同学吗？他们只是一节课的同学，再怎么挑衅，也不过是一节课的时间，再说，这学期也快过去了。但儿子纠正我说，这是他 ELL 班的同学，ELL 班不是这个学期结束就结束了，下个学期还要上，可能要上两年，目前，他每天要上两三节 ELL 课。怎么办？儿子在问我。

这下我着急了，儿子是狮子座，虽然一时会因受到威胁而紧张，但真的被惹火，跟他们打架怎么办？美国高中禁止打架，一旦发生这种状况，打架的学生可能会被开除。

我向一位在纽约市公立高中做老师的朋友请教。

这位朋友所任职的高中，按照他的说法，是全纽约最烂的高中，学生大部分来自贫困的黑人和南美人家庭。这位平时就很冷幽默的朋友曾经形容，每天进校就像进机场需接受安检，怕学生带枪支或毒品，课间休息结束上课铃声响像机场告别，假如一对恋人在不同班级，男生把女生送进她的教室，还要奔回来吻别几次。

形容的情景生动传神，我们都哈哈大笑，他可是无比苦恼，这些高中生无法安静坐着听课，竟在教室后面练起倒立，互相扔球追逐找各种乐子，把课堂弄成他们的游戏场所。这位曾在上海某高校教授英语写作的老师，对这群没有兴趣读书的学生束手无策，他唯一可做的是，管住他们，让他们不离开教室不在走廊欢腾就万事大吉。

这所高中，甚至有十五六岁的未成年女生抱着婴儿来上学，学校还给已为人母的女高中生设立了哺乳室，上课到一半，她们说要去哺乳室给婴儿喂奶……你说，遇到这样的学生，怎不让我朋友唉声叹气？

当我把儿子遇到的状况向他形容，要他告诉我如何对付这些黑人男生时，这位已经离开教师岗位的朋友，此时想到他的学生不再愤世嫉俗，现在的他认为，这些黑人孩子其实并不难相处，可以用“糖衣炮弹”征服，建议O奔带些零食去和他们“搞外交”。

我立刻去买来各种小包装巧克力和薯片，但儿子坚决不肯带去学校。我还建议说，假如他们说些你不懂的话，你也可以用中文回答他们，你一说中文,他们会好奇,跟你学都说不定。儿子却觉得我在异想天开。他对我抱怨说，你怎么那么搞笑？这种事只有你和老爸想得出来（虽然他老爸不在现场）！并因此大发牢骚说，你们两个人总是很莫名其妙，你们总是搞不清楚，以为我还在幼儿园吗？

几年后，美国流行一出情景喜剧Modern Family（《摩登家庭》），儿子指着里面那一对力图做好父母，有时还要讨好儿女，却又总是事与愿违的男女主角说，你们跟他们很像的，总是做出很搞笑的事，你们教不好自己的小孩。

至少，在儿子眼里，我和丈夫是一对没有什么威信的家长。

有些事回过头来看是很可笑，但当时却没了幽默感，就像我那位纽约朋友，每每讲述他那所高中发生的奇闻逸事，我都会笑得前仰后合，他自己却没有任何笑意，当身历其境时他只有压力和崩溃。

不知何时，黑人男生挑衅的话题不知不觉消失了。

从O奔的嘴里出现了一个名叫勒晓尔的同学，按照他形容，勒晓尔是全校最红的男生，走在高中走廊，后面总是跟着一大帮女生，虽然他才来学校一年不到。

“他是哪里人？”

“他从波多黎各来。”

“噢……他皮肤颜色，黑吗？”

“黑，没有苏丹来的同学黑，不过还是蛮黑的。”

“哟，那很少见。”我有点难以置信，在这个白人占百分之九十以上的高中，黑肤色的男生会受欢迎？我不由地脱口而问：

“波多黎各来的男生为什么会在你们学校受欢迎？”

“他篮球打得好嘛！已经进了校篮球队！”

这就明白了。美国高中，最 popular（受欢迎，有人气）的男生，总是球队里打球最好的那一位，这时候肤色变得不重要了，事实上，体育明星不都是黑人吗？

“勒晓尔真的很好玩，”晚熟的儿子还是那么孩子气，讲到这个叫勒晓尔的同学就咧开嘴笑得欢乐，“他总是坐不定，上课坐一下下，就要起来，扭来扭去的。”

“扭来扭去？”

“扭来扭去跳舞，他手脚停不下来的，他不会站着不动，他站起来就要扭，还顺手拿走女同学桌上的书，不是真的拿走，逗逗她。”

那情景在脑中演绎，我咧嘴笑，又忍住了，作为家长，这不是正确的反应。

“有时把前面女同学的长头发绑在椅子背上，女同学就尖叫骂他。”

“老师不说他吗？”

“老师当然要骂他，命令他坐下。可是他坐一会儿又站起来了，他就是坐不住。”

说着，儿子便学他扭来扭去，学他坐立不宁的样子，我没有忍住笑，想起有一次在纽约坐地铁，车厢人不少，有个南美少年戴着耳机听音乐，突然起身，边上的人以为他要下车，便让出空间，可他摇摆身体手拉扶手的栏杆转了一圈又坐回位子，想必是被音乐打动而没有控制住身体，而周围的人对此却熟视无睹，更凸显这一情景的可笑。

“最近勒晓尔有什么好玩的事？”

我经常打听勒晓尔，可爱搞笑的勒晓尔成了我和儿子之间的愉快话题。

情人节那天，儿子回来讲述：

“勒晓尔带了花去学校，看见老师就把花举到她面前说要献给她，老师好开心，直喊谢谢，伸手要接过花，他又缩回手不肯给，说是跟老师开个玩笑，说这花要留到放学后约会时给他女朋友的。”

我也忍不住笑：“老师会不高兴吗？”

O奔便唱起来：“Too late to apologize（现在道歉已经太晚）……”这是勒晓尔经常挂在嘴边的歌，O奔也不由自主经常哼唱，他唱多了，连我都会哼了。

有一天，已经过了几个月，我突然如梦初醒般问儿子：

“刚进学校那几天，对着你起哄的那几个黑人男生，带头的是不是勒晓尔？”

儿子一愣，似乎不明白我在说什么。然后也是如梦初醒般答道：

“噢，你是说，那时候……”“那时候”并不遥远，但以儿子的神情和口吻仿佛已经过去一百年，“没错，是他，是勒晓尔，他没有恶意的，他赞我高，赞我鞋子酷。他喜欢和新来的人开玩笑，有他在，上课很热闹，他总是开开心心的，跳跳舞唱唱歌逗逗女生，老师讲他，他就安静下来，等会儿又站起来想跳舞了，我们就一直笑，我太喜欢勒晓尔了！”

可是第二学年开学时，勒晓尔没有出现，他回国了，ELL 班经常会有个把来一两个学期又离开的外国学生。

我和儿子一样失落，这个生龙活虎的少年，能量过剩的波多黎各男孩，曾为我们带来许多笑声，我多喜欢他呀，虽然我从来没有见过他。

有一天，ELL 班的老师阿力克斯写邮件向我告状说，O 奔在课堂上对一位墨西哥来的女生喊 shut up（闭嘴），她要我说服 O 奔向那位女生道歉。

我问儿子缘由。原来，那几天正逢世界杯赛，课堂上聊起足球话题，说到中国足球，那女生便对 O 奔说了一句，Chinese loser（loser 直译失败的人，常用来形容不得志不如意、外表潦倒的人），于是 O 奔让她闭嘴，结果 O 奔这一声“shut up”喊得太响，被老师听见了。

这实在不算什么事，同学之间骂过来又骂回去，他们之间已经平衡，但因为老师郑重其事写信告状，对于学生在课堂上不礼貌的行为，老师看得很严肃，我也必须配合。

我心里认为 O 奔的反应没有错，loser 的确刺耳，但我不鼓励他以牙还牙，这堂课的学生来自不同国家，这类口角难以避免，我不希望他对其他种族的同学处于戒备的情绪中，便故意轻描淡写帮那女生做了些解释，说她是谈足球而没有其他意思，但我告诉 O 奔，在这件事上，他至少应该让老师知道为何对女生喊 shut up。他却不愿意和老师对话。

我给阿力克斯回信告知我所了解的状况，我语气客观，没有直接表示我的态度。老师立刻回信说,她要去做调查,假如这位墨西哥女生真说过这句话,她应该向 O 奔道歉。

好几天后,我为其他事去学校找 counselor,阿力克斯匆匆路过办公室瞥见我,马上又返身进来告诉我说,这件事她已调查过了,O 奔没错,是女生的错。我当时一愣,没有马上反应过来,因为事情过去好几天,我几乎已把这事扔在脑后。

这件事令我对阿力克斯陡生好感,假如说之前我认为她有点小题大做。

在这所高中,阿力克斯是少数几个对国际学生特别热心的白人老师。她三十五六岁年纪,黑眼睛黑头发,仍带几分学生气,她告诉她的学生,她订婚了,未婚夫在阿拉斯加,不久,她将去阿拉斯加结婚并在那里定居。

阿拉斯加?我有点吃惊,那是个大半年都处于黑夜和寒冷中的地方。心里有点不舍她离开。她很开心呢!儿子居然这般评价,不理解她为何去阿拉斯加也这么兴奋。我好气又好笑,我告诉儿子,她开心是因为她要结婚了,要和她丈夫生活在一起了。

老师在课堂和学生聊她的个人生活,感觉上他们是关系平等的朋友,这一点很打动我。不仅仅是阿力克斯的课堂,美国老师好像都愿意和学生平等聊天。比如,开学不久的一天,在停车场,儿子指着远处一位穿淡紫红色喇叭裤的中年女子告诉我,这是他新学期的代数课老师,她离婚了。

"噢,老师才来就已经知道她离婚了?"

"是她自己告诉我们的,现在她还没有男朋友。"

儿子以陈述事实的语气道,不评说也不带任何情绪,毕竟是男孩,对老师的个人生活没有八卦的兴趣,我呵呵直笑,以后我将不断从儿子那里获知每学期不同课堂老师们的家事。

我喜欢听这些故事，我通过这些故事接近了儿子的老师们，感受着学生和老师之间的近距离。

去学校开家长会遇到阿力克斯，她请我去她办公室坐一会儿，她问我O奔是否有讲话口吃的问题，我不知道stutter(口吃，结巴)的意思，她便把这个词打在电脑上，我立刻查字典才明白。我告诉她，儿子从没有口吃的问题，想来是英语不流利却又想学英语族的语速讲话引起的。我们一起讨论如何帮助他明白欲速则不达的问题，这是我第一次与阿力克斯坐在一起谈论O奔，我能感知她对这些少数民族学生，怀有一颗充满暖意的心。

我问阿力克斯，是否应让他参加音乐课的合唱队，唱唱歌对练英语也许有好处？我内心并没有认为语言这件事是大问题，我其实更希望孩子参加团队性质的活动，有机会交朋友。阿力克斯欣然赞成，并陪我去counselor那里，请她给O奔安排音乐课。

就在那天的家长会，化学老师抱怨O奔不能完成她布置的作业也不参加实验室的小组实验，虽然他的化学测验成绩优良，但她仍然要求把O奔调离她的班，这样的话，他只能去低一级的化学课。我之前已从O奔那里得知，这位老师讲话他听不太懂，再说，他是插班进去，对于自己从属哪个实验小组完全没有头绪。这天，我也是第一次与化学老师交流，她说话语速很快，我几次要求她说得慢一些，她都慢不下来，我小心收藏的锋芒又出来了，我告诉她：

“我认为你不体谅外国学生有语言问题，他可能没有听懂你的要求，你看，此刻我作为家长要求你说话慢一点，你都不愿意！”

她有点无辜地看着我，说她没太听懂我的话。我无奈地摇头，她是中西部美国人，是某个农场主女儿也说不定，几乎不跟外国人往来，所以遇到不够纯正的英语她就听不懂了。我放弃说服她让儿子留在她班上，这对他俩都是折磨。

我和阿力克斯聊到与化学老师难沟通，她立刻起身要去找化学老师谈，说她不能同意因为语言交流产生的问题，而把学生推到程度更低的班。

可是阿力克斯与化学老师沟通失败，她脸色发红回到办公室，告诉我counselor也曾试图说服化学老师，也没有成功，显然这位睁着一双无辜的圆眼睛，来自本地的化学老师是固执的。我安慰阿力克斯，儿子看起来不会朝化学专业发展，读程度低的化学班也一样能拿学分。

阿力克斯离开了这所高中，正如她之前就发布过的结婚消息，她嫁去了阿拉斯加。

只有当阿力克斯离开学校以后，O奔才会意识到，这位老师是他在陌生的异国高中的重要依靠，不会再有老师像她这么关注外国学生的一言一行，几乎是吹毛求疵地规范他们的行为举止。

好些年过去了，有一天和儿子聊起鲍勃·迪伦，那时他认为自己早过了喜欢迪伦的岁月，或者说，迪伦out了。

“不过，有个人和你一样，喜欢鲍勃·迪伦，整天鲍勃·迪伦。”

儿子的语气听起来仿佛这是一件令人同情的事，我当然会问此人是谁，他说，是阿力克斯！我一愣，因为我们认识不止一个阿力克斯，他说：

“当然是我们ELL班的老师阿力克斯。”

10

“交到朋友了吗？”

万圣节一过，后面的节日接踵而来，进入十一月，小城充满过节气氛。我很怕美国的节假日，十一月以后那几个大节的陆续到来，令我感受到的是落寞。往后几年，认识的美国人越多，节日的受挫感更强。

每年十一月最后一个星期四是感恩节，假如说我在纽约时，并没有太在意这个节日，小城就完全不同了。难怪美国人都说纽约不是美国，的确如此，那里是大都市，族群复杂，要忽视一个感恩节很容易。可这里简直是铺天盖地的感恩节气氛，商场门口摆出巨大的南瓜模型，各家超市摆出一车又一车南瓜，火鸡堆满冷冻箱，配火鸡的果酱是由新鲜的果子制作，此时这些果子鲜红抢眼地铺满在水果架上。各家各户都在为从异地返家的亲人或亲戚的到来做准备，这是个家人团聚的节日，有点像中国的大年夜，大学放一星期假，down town 因此空空。

也是第一次，我们一家人远隔两地过节，儿子说，我真希望回到小时候，我们三人总是在一起！也正是在这种时候，我会反省这样的生活形态是对还是错？之后两年，无论来来回回的团聚多么昂贵，丈夫总是争取感恩节前来美国与我们团聚，与我们一起度过圣诞节和新年。

这一年的感恩节，香港朋友露西把我们邀请到她家过节。露西细心周到，她也邀请了她的台湾朋友秀娟，秀娟的儿子维克特与我儿子在同一所高中，已是 senior。露西安排这次聚会也是为我儿子在校园找朋友，但当时的场景是两个男生坐在长沙发的两端，完全零交流。

这天维克特的姐姐，已是大四生的波丝也在座。她开朗率真，与我说笑间，见两个男孩闷在那里不说话，便不断逗他弟弟说话，一会儿挑他刺，一会儿问他问题，显然这个姐姐是有威势的，做弟弟的虽然不耐烦，却也不得不哼哼哈哈敷衍她。更有意思的是，他们的母亲在一旁作注解，她对我笑说，你看，家里有两个孩子，就是一个小社会了，他们会互相制衡，做弟弟的不敢太放肆，有个姐姐管着，我也省心很多。

是的是的，这些独生孩子呀。看着坐在一边不理人的儿子，我想起若干年前那个好气又好笑的场景。

那时儿子还是小学生，三年级的那次生日，他邀来了五六个同班小男生。这些男孩陆续到来后，并没有玩在一起，他们竟分散在我们家不同房间的角落玩手掌机，最可气的还是这位小主人，他守在自己的小房间把门关了，完全不理会他的客人，这样的局面实在滑稽而荒谬，无论我和丈夫怎么招呼，都无法把他们聚拢。一直到晚饭时，才把他们召到同一张桌，他们在饭桌上也不交谈，个个埋着头，只关注自己盘子里的食物。

他们不交谈是因为不会交谈，我们是在那一刻发现这个令人忧虑的状况，这些独生子都很“独”，完全不懂交朋友。

晚饭后，有个小男孩对我们茶几上的香烛的火苗有兴趣，他用小木条燃火，恰是这朵危险的火将男孩们聚集，他们聚在一起玩火，对着火 high 得不行，又笑又叫又跺脚。

在酿成大火之前，我把他们带到楼下小区的活动空地，让他们在水泥地上烧了一小把篝火，其实就是烧了几张纸。火灭了，竟也没有其他可以一起玩的游戏，很快家长们来领孩子了，这一刻，孩子们倒有点舍不得分开了。

虽然，两个男生最终没有在露西的感恩节聚会上交流，我和秀娟却成了朋友。秀娟和丈夫早年来美国留学，女儿波丝、儿子维克特都在美国出生，之后他们回国创业，儿女在台湾读到初中毕业便搬来美国，秀娟过来陪读，丈夫留守台湾经营企业，夫妻俩只能得空两边跑，丈夫每年来美国小住一阵，秀娟每年也回台湾住一阵。

我在小城有不少中国朋友，与秀娟的友情最难忘。第二年秋天，当维克特毕业进了临近城市的大学后，秀娟便回台湾了，我们的往来才一年不到，但这一年是我带孩子迁徙来美的第一年，在他的适应过程中，陪伴他的家长更有压力，秀娟用她的爱心和经验在为我减压。

感恩节后已是深冬，眼前是白雪世界，洁净寂静，也是个漫无边际的世界，无法徒步去任何地方。看着窗外无人的街道，觉得像被白雪隔绝在一个美丽孤岛。

电话铃响，空寂中铃声特别响亮。是秀娟的电话，她约我一起去 Kalona 采购。噢，是一个惊喜哟，冬天没有车，动弹不得，Kalona 正是我想去却需要有人开车载我去的地方，秀娟的邀约称得上雪中送炭。

Kalona 在我们城西二十多英里，因居住 Amish 人而著名。Amish 是德裔瑞士移民后裔组成的阿门宗派教徒组织，一个最传统和严密的宗教派别。教徒们保持与外界隔绝的古老简朴的生活方式，拒绝汽车电力等现代化设施，也不和外人通婚。无疑地，Kalona 的 Amish 人居住区是个特殊社区，他们自给自足，有自己的农场和自己的教堂、学校，城里居民常去他们社区的杂货店买有机食品，他们的黄糙米、手工果酱、走地鸡很得我心。

在美国能买到活杀走地鸡简直是奇迹。在这个冬天，在倍感孤寂的日子，我尤其渴望喝中国鸡汤，在冰箱囤积几只活杀走地鸡，是最给力的安慰。

离开高速公路，开上一段土路进到 Amish 人的村庄。在秀娟带领下，我们直接到养鸡场买活鸡，在等候杀鸡、褪鸡毛的过程中，秀娟熟门熟路带我去近旁一家甜品店，那家店的柜台旁放着一张油漆褪去的木桌子和两把木头椅子，跟店的门面一样，老旧甚至简陋，却一尘不染。我很容易被旧而干净的物品感动，桌上有免费热咖啡和茶，以及配咖啡的牛奶和纸杯、纸盘、纸巾、砂糖包。

没错，这里的免费咖啡和热茶就是为我们这些等候杀鸡的顾客准备的。店内很暖，这个地球上最环保的族群是靠太阳能取暖的。我们脱了厚外套，买了刚出炉还温热的甜点心，裹着厚厚蜂蜜的唐纳滋就着热腾腾的黑咖啡，给我瞬间的幸福感。

窗外是晴空，蓝天耀眼，无边无际，阳光在茫茫雪原上金灿灿地闪着，雪原和蓝天在天边交集。一辆马车隔着窗框仿佛从二十世纪穿越而来，马夫留着浓密大胡子，戴着黑色有宽檐的礼帽，西方古典小说插画里的男人，而我们身边站柜台的女子，则戴着帽檐打褶的灰色帽子，帽绳结在颚下，身着束腰的灰色连身百褶长裙，她与窗外男人一起，进入二次元世界，与咫尺之遥的我们，隔着一个维度，就像一部怀旧黑白片。

联想赋予现实奇特的光彩，心情被照成彩色。

从养鸡场买回的鸡不仅褪了鸡毛，内脏也被清理，干干净净的光鸡，每只才卖四美元，这 Amish 的鸡骨架小，没有脂肪，不会超过两磅，与速生长的肥大的美国肉鸡形成鲜明对比。这是我需要的生活品质，纯净又富营养。

我们又去 Amish 人的杂货店买了绿色稻米、杂粮、手工果酱和最新鲜的奶酪，因为近旁就有他们的奶酪工厂。

载着食物回家的主妇，心也是饱满的，何况一路上，我们享受着明净的天空下被雪覆盖的洁白世界，而阳光给予温暖的视觉感。在路上，秀娟念起了诗：“要常常喜乐，不住祷告，凡事谢恩。”是圣经里的句子，也是我人生里值得珍惜的片刻。

秀娟是基督徒，一个虔诚的基督徒。用感恩的心面对眼前的世界，是秀娟追求的人生境界，我不是基督徒，也很难让自己沉浸于宗教情绪，虽然我很希望自己有这方面的感悟。不过从 Amish 回城的路上，我的总是躁动的灵魂感受到了片刻的宁静。

作为美国高中资深家长，秀娟于我，是不可或缺的助力，我经常要向秀娟咨询各种问题。其实问题的多少，取决于我自己的焦虑度。不仅焦虑，我也很彷徨，孩子早已开始他的美国高中生涯，我在美国的日常生活也已经走上轨道，可我仍然一直在心里自问，这样的搬迁是否值得？

因此，我很难像秀娟那么投入。她的生活节奏与这里的居民一致，上教堂做礼拜，学圣经，做志愿者，她内心平静，有条不紊地安排每天的日程。

不过，她很明白我的心病，或者说，我的那些担忧她都经历过。我们常常会讨论，学校是否有种族歧视暗流，孩子是否在受排挤，是否有交上朋友。

我有些吃惊，我也开始谈论歧视问题。

以前，听在美国的中国朋友谈到种族歧视，我总不以为然，认为我们自己进进出出，从未遇到这个问题，不论是我作为作家还是丈夫作为剧场艺术家，在国外受到的尊重远甚国内，一直没有意识到，我们是被邀请的客人，接触的不是真正的社会而是某个圈子。

再说，美国仍然是个抽象的概念，去到美国什么地方很有讲究。

如果没有去过纽约，不会有比较，不会感觉东部和中西部有巨大差异。在纽约，东方文化是时尚，东方女人很受追捧，走在纽约街头，经常会受到男士的奉承搭讪。虽然传说中的纽约如同野兽出没的丛林，有安全隐忧，然而身在其中，周遭是各种族人群，各种颜色的皮肤，令你有融入其间的舒坦。谁也用不着瞧不起谁，彼此都是移民，白人在纽约倒成了少数民族。

当然这也只是一种表面现象，可表面现象便是一种氛围，你的心情容易被氛围影响。

现在，我们身处美国白人比例最高也是最传统的中西部，农业州的宗教气氛特别浓郁，文化也相对保守多了。电影里的美国也好，纽约的美国也好，和中西部的美国好像是两个国度，不少在农场长大，在这里生活了几十年的美国人从未去过纽约，更不会去被称为远东的中国。

我所住的爱城是大学城，有在全美排名靠前的州立大学 UI(爱荷华大学)，是州里最开放的城市。大学本身的开放气氛会影响当地文化，不过大学和高中还是有质的差异，高中老师很多来自本地，高中的学生也多是本地的白人孩子，完全不同于多种族的国际化的大学。

气候上，这里的冬天格外漫长，人们的表情严肃，有部分人是抑郁的，你很少会遇到什么人欢快地向你打招呼。让我最初有点受打击的乃是第一学期儿子入学遭拒绝，与在伊萨卡时受到的热情接待产生鲜明对比。

这的确仍然只是表面现象，事实上，这里的居民最本分最守法，住在这里几乎不用担心治安问题。美国朋友劳拉曾说，她搬来这里十五年，从不锁车门。我也是经常不锁家门，儿子去学校没带钥匙，我自己要出门，这种状况下，便不锁门了。

然而，善良质朴和开放开明是两回事。在一个小 town，孩子们从小一起长大，他们有自己的 group（小群体），一路结伴读书到高中。高中，是 teenage（青少年）的大本营，teenage 在美国是个色彩相当浓郁的词语，大人们说起这个词会大摇其头，叹息的、无可奈何的，用我们的语言是，这种年龄的孩子太难搞了。现在的问题是，把一个远方来的难搞的 teenage 放到一大群有着自己强烈个性、文化特性和游戏规则，也许更加难搞的 teenage 们当中去，这便是我和秀娟经常谈论的，怎样才能让我们这些来自遥远国度的孩子在校园如鱼得水。也许如鱼得水并不容易，至少不要有被排挤的感觉。

我开始很在意孩子是否交到朋友。人们问起孩子的状况，总是先问，交到朋友了吗？可是你问自己孩子这个问题，是得不到任何回答的。

秀娟说，我们只能用自己的方式去了解，她建议我经常去学校走走。她自己每星期都要去学校，去他们的餐厅吃一顿午餐，和办公室的行政老师聊聊，也经常参加家长的志愿者活动。她告诉我，学校有家长委员会，是家长发言的平台，如果进入家长委员会，可以就学校的某些问题给予意见，还可以直接影响其他家长。这是个非常令我心动的建议，我很向往却心有余而力不足，秀娟曾在美国的大学攻读硕士学位，与她相比，我的英语水准低太多，远远不够参与家长委员会的讨论发言。

我纠结了一番，是为了进家长委员会而去社区大学奋力恶补英语，还是继续我自己的写作？虽然我当时摩拳擦掌地踊跃了一番，但很快就放弃了要为移民学生做点什么的念头。我不愿意把做家长当作职业，这当然是为自己的惰性和不够勇气找借口。

这年圣诞，秀娟和儿女们要参加堪萨斯城一年一度的基督徒圣经学习冬令营，维克特养的几只仓鼠让O奔代养。儿子像得到馈赠的玩具一样兴奋。

四只小仓鼠公母分开，分别放在两只大笼子。

维克特就像个负责任的父亲，对O奔做了种种吩咐，尤其关照不可以把公母仓鼠放在一个笼子，它们会互相撕咬。他分别捧起两只仓鼠翻转肚皮，教O奔识别公母，平时闷声不响的维克特对着小仓鼠充满喜悦，两个曾经零交流的男生一问一答煞是热闹，小动物们怎会明白它们突然成了人类的媒介。

节日将人们带去四面八方，公寓外的世界静止一般，内心有种莫可名状的失落惆怅，终于懂了朋友的心情。她移居美国多年，曾说，她家附近的马路通向高速公路，一到节日，这条马路就拥挤着上高速公路的车辆，仿佛所有的人都迫不及待去向某个地方，去度他们等待良久的节日，唯独自己站在窗前没有方向。

对比外面世界的寂静，公寓里小仓鼠们活力四射，一刻不停地在笼子里荡着秋千踩着滑轮车，给你强烈的存在感，我和儿子站在笼子旁发痴一样看着仓鼠们玩。

儿子的个性是，你越阻止他做什么，他越想做。维克特强调性的关照终于产生了反作用。当我正在忙自己事的时候，O奔告诉我，他把母鼠放进了公鼠的笼子，想看它们打架，但很失望，它们并没有厮打，却互相疯狂追逐，O奔便又担心起来，它们会不会追跑到断气累死？

他想把母鼠放回它们自己的笼子，可是，把一只活蹦乱跳的仓鼠抓在手心，且要翻转肚皮辨认公母，不是件容易事。有些人天生害怕触摸动物，儿子害怕我更害怕，但现在没有退路，他必须为自己的行为负责，无论如何得把公母仓鼠分开来。O奔硬着头皮尝试了一次又一次，每次把小仓鼠抓到手，却像拿到烫手山芋一样惊跳着忙不迭放掉，还发出尖叫，仿佛捏到了什么恶心物什，根本没有机会看清肚皮上的特征。

正好朋友劳拉上门，我们便央求她帮忙抓鼠认公母。劳拉自己养狗，喜爱动物，捧仓鼠在手于她并不是难事，但待她翻转肚皮让O奔辨认公母，他竟然认不清了，而这小动物在朋友手心活蹦乱跳很难握久，她只能抱歉着放弃。

这节日被仓鼠弄得纠结，不得不电话维克特，他果然急坏了，一番指点不放心，电话一个接一个，感觉他立马要赶回来似的，恰是这样的情境下，两个男孩交流频繁。维克特对仓鼠的极度担忧令O奔也跟着着急并且内疚，最终他还是将公母仓鼠分开了。

此后，这两个男生便有了来往，日常生活中仍然沉默寡言的维克特，却是电脑高手，帮我修电脑到深夜，留宿在O奔房间，此时，两人之间已经像老朋友。话不用多，有默契就行。

11

亲历总统预选

迁徙带来的动荡还未完全平缓，我的注意力便被美国社会正在发生的重大事件吸引，其中之一，便是来年为总统选举所做的预选。这带有风向标性质的预选，必定引起全美国公民的关注，这场预选是在我所在的爱荷华州举行，而我所在的大学城，一向领全州风气之先。

“Ten more！”“Nine more！”“Eight more！”

在城东南某选区，作为初选主场的某小学，一群女选民在拥挤的校礼堂激情地喊着票，硬是将希拉里的票数拉到百分之十五，那一刻我也忍不住在心里为她鼓劲。近两个月来在电视里眼看着这位政治界超女的脸庞在奔走选票的路途上日益憔悴，心里涌上疼惜之情，因为同是女人？

也许刚读过希拉里的传记，被她年轻时的理想主义感动，从感情上更希望她赢，然而，看到她皱纹凸显的脸颊，又很怀疑，她是否有足够体力和能量担负总统重责。

这些日子与朋友们聚会的主要话题便是选举。惊讶意外华人们对选举也这么投入。有个朋友说：

“我本来想选奥巴马，现在我改主意了，我想选希拉里。”

她的好友却立刻针锋相对：

“我正好相反，我本来对希拉里抱有希望，但这几个月，她的演讲让我失望，没有新意，我开始对奥巴马刮目相看了。”

于是她们两个人争论起来。而另一对华人夫妇，丈夫支持共和党，妻子是民主党支持者，两人倒也不为这分歧争执，是妻子不想和丈夫争执。这位贤妻平时对丈夫百依百顺，唯独这件事坚持她自己意愿，丈夫无奈地开玩笑说，好处是，选举那天可以缺席，因为我们两人的票数互相抵消了。

我注意到，同胞中更关心选举的，多是二十世纪六十年代便从台湾移居过来的华人。颇有意味的是，他们的父辈多是1949年之前从大陆去往台湾，故乡总是在远处，他们学会随遇而安，认他乡为家乡了。不想身心分离，就得身体在此，灵魂也要随之认同，随遇而安就是将注意力和关心点跟着身体移动，投入到每天柴米油盐的这一地，而不是记忆模糊的遥远的故乡。

我曾在新泽西州遇见一群台湾人，他们也是跟着父母从大陆到台湾，再从台湾到美国。他们不再是我们以为的从不过问更不参与当地政治的华人，而是积极组织各种社区活动，给自己建立话语平台。其中有位主妇，从投选票到拉选票到进入当地竞选班子，之后还成了竞选班子负责人之一，常和到社区来争取选票的议员们接触，甚至有过和副总统对话，这位家庭主妇告诉我，她因此有机会为当地华人争取利益，或者，代表他们发出心声。

再说美国人这边，在大学任教的知识分子都旗帜鲜明地支持奥巴马，而我认识的另一群美国主妇，出身于当地农场主家庭，她们是虔诚的基督徒，也是坚定的共和党支持者，选举期间，她们在每星期圣经学习的日子，为共和党胜选祈祷。

预选当晚，在这个大学城选区，在一阵阵为奥巴马加油的欢呼声里，前总统夫人屈居第三，爱德华兹的票数比希拉里稍多一些，屏幕上这位被媒体称为“金色男孩”的性感政治家，在艰辛的总统之路上也渐显苍老。

当年，刚刚进入壮年的奥巴马在体力上还相当游刃有余，打开电视的每一刻都可见到他激情强健的演讲形象，简直就是好莱坞电影里最正面的hero（英雄，或主角），英气逼人风华正茂，而且，正义凛然。他外表上的优势已经不容置疑，其形象更有政治正确的经典性，因为他的黑肤色打开了美国选举史的新页码。

可是如今，被总统生涯摧残的奥巴马，光环早已消失，他憔悴消瘦，有“衣带渐宽终不悔”的况味，在我眼里，却更有真实性，他不再是那个完美虚幻的荧屏明星，他不过是一个理想高大上、现实勉为其难的劳碌命总统，当年越打动人的演讲，今天越容易露怯，曾经支持他的选民渐渐露出失望的神情，他们认为奥巴马辜负了人们对他的期望。

然而，选民们也该反省一下，他们中有多少人仅仅是被总统的个人形象魅力吸引，当年他在媒体出现时的令人惊艳，他的富于蛊惑力的演讲，还有他的年轻和气质的干净，的确很难不让人对他倾倒。我可是亲眼目睹他们像追捧偶像一般追捧奥巴马。

我是个政治冷感的人，对任何政治人物都抱有戒备，当我因为奥巴马鼓舞人心的演讲和他富于魅力的形象而对他产生好感时，会自我警惕，我会告诉自己不要被政治人物的个人魅力左右。我们曾经历过的是美国人几辈子都经历不到的复杂和险恶，我是信念破碎的一代，内心深处另有一双质疑的眸子。

2008 年 1 月 3 日，发生在我们小城的预选，如今回想仍然充满质感。那个夜晚，我所在州的 1000 多个选区同时拉开预选帷幕。我们城里小学礼堂中年轻白人最多，他们神情兴奋，举着写有奥巴马的著名口号“change（变化，改变）”的横幅，旁观的我被气氛的热烈所感染，被人们目光里期待的真切所感动。亲眼目睹白人支持黑人的这一刻，感慨感叹，这里不是纽约，这里是白人人口占 90% 的中西部，现在他们把自己的信任和希望交给了一位还很年轻的黑人，传说的黑白之间无法消弭的隔膜，在这个寒冷夜晚的小学礼堂，已看不到痕迹。

奥巴马人气旺盛，以百分之三十几的票数遥遥领先于其他两位，稍晚整个州的统计数也几乎相差无几。

之后，我们涌进本力德的寓所，他在家举行预选后派对。本力德在大学国际政治系任教，预选之前，便已经通过电子邮件邀请众友在预选之后去他家相聚，这是一个庆祝奥巴马当选的聚会，他和他政治系的年轻同事们早就十分肯定奥巴马会赢，他们一起为这个派对做了准备。

来到本力德派对的几乎都是他的同事，政治系和其他人文系的年轻副教授们，仔细分辨颇有意味，除了一位出生在夏威夷的华裔，其他都是出生在中西部的本地白人。这至少纠正了我的偏见，我以为本地白人都是保守排外的。

酒瓶打开了，人们互相碰杯，客厅里的电视开着，不同地区的选票结果正陆续出来，民主党选胜地区以绿色标志，每一个绿色标记跃上荧屏，欢呼声便起来。这围着电视的阵阵欢呼，让我想起世界杯时的上海，朋友们聚集在我家看球赛，也是围着电视机发出阵阵欢呼……我很想知道，在我的人生里，是否会有一次这样的图景，朋友们聚集在我家，围着电视机，不是为球赛而是为选举发出阵阵欢呼？

派对是夜晚九点钟开始，直到十一点还有人按铃，是一群从外州来的年轻白人，他们开了几百英里的车，为了与这边城里的朋友会合，一起庆祝民主党预选旗开得胜。他们拥进门，呼唤着奥巴马的名字与屋内的年轻人击掌拥抱，那么由衷的快乐，仿佛是他们中的一个伙伴竞选上了总统，真希望奥巴马能看到这一幕，看到年轻的人们对于他最真挚的支持。我内心冷冷的一角已经有了担忧，如此高昂的热情，有一天会被浇上一瓢凉水吗？

那天夜晚，我的思绪还无法完全聚焦在那位叫奥巴马的新人身上，我想知道客厅里的年轻女性对于希拉里的看法。作为女性候选总统的希拉里，不也是对男性掌控的政治世界的挑战吗？我问坐在我边上喝着酒的年轻女副教授，她大摇其头：

“不，她是前总统夫人，她到今天这一步并不是完全靠自己，她的竞选班子便是原来克林顿竞选的班子……”

“她并没有带来新的政治理念，我们已经厌倦了克林顿那一套……”

这是另一位副教授传递给我的信息。喔，希拉里失分于她的“旧”，“前总统夫人”既是资本也是她的沼泽。

我的大陆女同胞则认为，是希拉里的强悍让许多人不喜欢她。呵呵，又是一种不理性，凭个人好恶选总统，因为不喜欢女强人，所以不选希拉里；因为奥巴马英俊讨人喜欢，所以选他。

在新罕布什尔州的初选，险胜奥巴马的希拉里面对记者已经哽咽，据说这一刻的希拉里比较得人心，或者说，她以这一刻的脆弱表现了其人性部分，如同电影里 hero 这个角色，他必须首先是个英雄，却又不无弱点。

身为中国人，我无法感同身受去辨别美国每一个总统候选人的政治理念之高下，或者作为未来国家领路人其方向感的微妙差异，我更多是像观剧一般观看这一场犹如戏剧的选举演出。观众会被戏剧感动感染，假如这是一场严肃而真诚的剧演。而一当出现我们自己的人生里匮乏的那一幕幕，则无比憧憬，比如，选举本身，比如，女性或黑人在竞选中胜出，尽管那不是自己国家的故事，至少是当代世界历史中，令人欣慰的一个篇章。

12

儿子终于加入了篮球队

十一月中旬，高中第二个学期开始，两个学期之间，只休息一天。

第二学期第一天回家，儿子神情激动地告诉我，这个学期，是学校各篮球队的训练季，他要报名参加新生篮球队。不等我回答，他又补充道，无论我同意与否，他一定要参加篮球队。

“我怎么会不同意呢？”

我的回答让他一愣。

关于篮球，又把我们带到那所有点灰暗的初中学校，但我什么都没有说，儿子的担心不无缘由。打篮球在他的记忆中是坏事，是被禁止的。

他的初中班主任曾经向我告状说，O奔中午在学校操场打篮球。我当时颇为诧异，我问这位班主任，中午不是午休时间吗？午休时间为何不能打篮球？他说，午休时间已经取消了，吃完午饭全班同学都必须回教室复习，这属于上课时间。那么，这些孩子从上午六点三刻离开家到晚上七八点回家，中间连午休都没有？我有些生气，又马上意识到，得罪班主任是不妥的，我忍住气劝道，还是给孩子一点娱乐时间吧，中国的劳动法规定八小时工作制，这些孩子的学习时间已经远远超过八小时。

我知道说了也是白说，这位班主任不会因此而改变什么，当时还以为他是为学生好，尽管对他的粗暴作风非常反感，但交涉后他有所收敛。虽然时不时还是会为学校各种事与这位班主任产生分歧，但仍然是以讨论的方式，直到红领巾事件发生，才与这位老师红脸。后来我才知道，他是个合同制老师，为了留在学校，逼迫学生读书几近疯狂，说到底，他也只是制度的牺牲品。

儿子初中打篮球被老师告状后，虽然我很不以为然，但也只能藏住自己的看法，告诉孩子说，学校的午休时间已改为上课时间，所以你也必须进教室而不是在操场。

此时，看着儿子急不可待地从壁橱里拿出崭新的篮球，心中感慨，这是几个星期前，本力德带我们去商厦shopping，原本是为儿子买衣服，儿子却直奔体育用品柜台挑选篮球。

在上海的家里，他有一堆篮球，却没有机会参加篮球队。在纽约小学时，学校心理辅导老师认为我家孩子缺乏团队意识，希望他能多参加有团队精神的运动，比如球队。回上海后，见很多家长周末时把孩子送到不同的业余班学这学那，我却到处打听哪里有为小学生办的业余球队，电话一直打到体校和体育馆，对话中各种误会，以为我要把孩子送去当职业运动员，总之没有什么业余球队或给孩子打篮球的地方。

我们买房时孩子还在幼儿园，为了让他有个奔跑和运动的地方，特意将房子买在大学和开发商共同开发的社区，公寓楼傍着大学校园一角，可以共享大学操场。操场有篮球架，缺的是一起打球的伙伴。

我们社区住了一些与O奔同龄的孩子。周末，邀这些孩子出来打球几乎没有可能，他们的家长告诉我，孩子在补习班，没有时间玩。在上海那几年，儿子的所谓打篮球，不过是在篮球架下玩玩投篮而已。

我对自己说，即便不为其他，只为了让儿子能够在中学参加一次球队，搬来美国也值了。

篮球队每天训练两小时，时不时要更换训练场地，去外校与其他球队打球，外校离得远学校安排校车，在附近城市，家长接送。我那时还没有车，没法接送孩子去训练或比赛，我写邮件给counselor，请她转给球队教练，看看有什么解决办法，也许能和某个住在附近社区的队员家长商量，请他们帮忙接送，我付报酬，教练考特立刻回我的信说，不用担心，他可以接送O奔。

高中的篮球队，分年级队和校队，九年级和十年级各有一支篮球队，到了十一年级便接受校队淘汰，如果在年级队打得出色，将被选拔到校队，参加过校队的学生，申请大学多了一项录取优势，一些有名的高中校队队员，颇受大学欢迎。不过当时，我还没有这么多考虑，或者说，对于如何申请大学还没有关心到，只是希望孩子快乐，满足他打篮球的小小愿望，希望他快乐的同时能学到一些团队精神。

去了篮球队以后，O奔才发现，他成了学校亚洲学生中受欢迎的新人，这是他沾了球队的光，而球队里球技棒的主力便成了学校的明星学生。儿子ELL班的同学勒晓尔可惜第二年回国了，他从波多黎各转来这所高中才一年，因为出色的球技直接进了校队，成了校队的主力，因此也成了学校最红的明星学生，进进出出，勒晓尔的名字在走廊回响，女生们的目光充满倾慕。

篮球队常会去周边不同城镇学校，和不同球队打球，有些偏僻的小镇学校几乎见不到亚洲学生，当那些学校的学生见到球队里的O奔，就像见到外星人。所有人的注意力都转向他，他们目不转睛，惊愕喜悦，嘴里喊着“Yao Ming, Yao Ming（姚明的发音）”，姚明是他们唯一叫得出名字的亚洲球员，O奔一米九的个子，让他们联想到姚明。

篮球队的总教练经常召集球队队员的家长开会，谈论球队的财政支出。从场地裁判到教练到外出时的校车接送都需要钱，篮球队员的体育课是在一间特殊的健身房，里面的大量健身器材更是一大笔开支，因此篮球队需要有财力的家长捐钱。

除此之外，篮球队员家长也常被召唤做些志愿者工作。有些大学篮球比赛安排在高中的篮球馆进行，通常这类比赛对外卖票，学校篮球馆观众席到时人满为患，教练办公室便提前几天发通知给篮球队员家长，看谁有空去做志愿者，很快有家长应答，于是办公室马上又发通知，志愿者报名已满。

我也有幸做过两三次志愿者，曾经在临时搭建的售货台前，帮学校的食品部出售零食饮料，在快餐摊位卖墨西哥卷饼，真是一口气都歇不了。我与一位光头爸爸合作默契，卖光了所有的卷饼，虽然他说话我很难听懂。

正式比赛开始后，售卖的工作便结束了，赛场的欢呼声将我吸引进去。

我是体育盲，我的视线更容易被站在观众席前的啦啦队吸引，啦啦队高水准表演令我吃惊叹服，他们的歌舞和说唱极具观赏性和鼓动性，有支啦啦队在脸上画图腾，节奏强烈的 rap 像火一样点燃观众的热情。

假如说高中男生通过球队走红，那么啦啦队的女生最出风头。曾听说在美国某个高中，有位母亲为了让自己的女儿进啦啦队，竟人身伤害与女儿竞争的同学。

按照儿子的说法，学校里最有权威感，或者说最让学生畏惧的，是那些资深教练，只有他们会严词甚至粗鲁训斥学生，而学生也最把教练的话放在心上。O 奔的篮球教练是个刚来学校不久的年轻人，态度比资深教练温和许多，像孩子们的兄长，球队每天练球两小时，教练常常告诫队员们除了练球也要管好功课，一旦出现不及格，就开除出球队。O 奔会把教练的话转述给我，也就是说，这些话用不着家长再说了，教练的话已经进了他们的耳朵。

从十一月到来年三月，基本就是雪世界，大雪纷飞时，即使是在本校训练，教练考特也会把 O 奔送回家。需要他接送的不止 O 奔一个学生，另有一两个家里没有车的非裔学生，而这位年轻教练还在带职读博士生。

考特下个学期要离开学校去芝加哥，我感谢他每天接送 O 奔，想请他吃饭。听说他喜爱中国食物，可城里没有像样的中国餐馆，请美国人吃饭，有足够诚意应该在家里招待。学期结束前，我给考特写邮件，感谢他的同时试着邀请他来家里做客，说要用中国餐款待他，未料考特立刻回邮件说十分期待。

想到招待的是篮球教练，所以把他一个人当作三个人，菜量丰富，然而教练的食量比我预料的还大，连连叹好吃，桌上的菜所剩无几，我很有成就感。令我更舒坦的是谈论的话题，教练在芝加哥长大，不太认同小城的氛围，说这里太白了，意思是白人的比例太高了，不够开放，虽然他自己蓝眼金发是白种人，他说他还是想和女朋友一起去芝加哥找机会发展，我许诺考特离开前再请他一次，让他把女朋友一起带来。

教练把这顿晚餐的情形向他的篮球队队员描绘了一番，应该是赞叹了一番，队员们说他们很羡慕教练有口福。我是否应该把孩子们都请过来呢？的确是心有余而力不足，想想都觉得累，日常里各种杂事打岔，O奔提醒过我几次必须再请一次考特，然而考特离开前我自己也不在美国，没有兑现再请一次考特的诺言。

球队的训练很枯燥，运动量非常大，我发现儿子的热情在消退，参加球队，并非像他以为的只是玩玩，每天两小时的严格训练，对于我们家的孩子，首先在体能上已经看出和美国孩子的差距。不过，这仍然是他钟爱的运动，星期六很想睡个懒觉，可这天的训练往往是在上午，他不得不硬撑着起床，不敢迟到。

平时有比赛，家长们都会到现场为自己的孩子呐喊，儿子却不愿我到场，也因为没有车不方便，我又特别想节省时间，所以从来不去。

在一次和外校球队的正式比赛中，O奔的球队输了。孩子们回到更衣室掩面而泣，这一个为团队失败而集体哭泣的场面，让儿子受到震动，他告诉我时还难以平复心情，这是从不曾有过的触动他心的团队意识，一次难得而值得珍惜的体验。

学期结束前的最后一场比赛是在本校，我瞒着儿子溜进观众席，我第一次看到儿子在球场上的表现，显然他的拼搏劲头不如他的伙伴，但坐在观众席的队员家长，却不断喊着O奔名字“Oben! Oben!”，为他加油。

我注意到一位个子瘦小的白人孩子，满场飙车般地奔跑，玩命般地冲向对手，也许正是这股不顾一切拼死往前冲的劲头，才让这矮小的男生留在多是高个子的篮球队，然而，我想到的，是在未来的竞争世界，这位小个子男生说不定是工作狂是拼命三郎。

不过，我又问自己，假如我的孩子如此拼，我到底是高兴还是担心呢？

13

我的美国死党

很幸运，我有个美国死党劳拉，她的带领，扩展了我在美国的视野。

几年前，我做驻校作家期间，在一位美国教授家遇见劳拉。我的在场，让劳拉回忆起八十年代，她第一个婚姻结束后，和母亲一起参加了远东旅行团，去了泰国、日本、香港，“可惜错过了中国大陆”，当时的她遗憾地看着我说道。

关于这次游历的讲述，让她的朋友们发出一阵阵惊呼，这些朋友还没有去过东方，甚至不知道劳拉有过这段经历，于是这个晚上的话题便转向与东方有关的话题。我在暗暗惊奇，这些看起来非常中产阶级的美国人竟然没有去过东方，除了东道主女教授，她是波士顿人，曾嫁给中国人但很快又离婚。

那天聚会后，是劳拉把我载回住处，她在我的公寓又坐了一会儿，聊了她的个人状况，她有过两次婚姻。年轻时的劳拉美艳赛明星，她是丹麦后裔，是位金发女郎，她年轻时照片上的形象，很像当年明星英格丽·褒曼。美女爱帅哥，劳拉的两任丈夫都是意大利裔帅哥，都比她年轻七岁。劳拉要等结婚后才发现，擅长谈情说爱，有着迷人黑眸的帅哥，担负不了日常人生责任，热衷吃喝玩乐的风流男，到了中年便呈颓局，是道地 loser。离婚时劳拉就没指望拿到女儿的赡养费，她姐姐在爱城的大学医院做护士，小城生活指数低却文化气氛浓郁，劳拉便带着女儿搬离了高消费的大都市芝加哥，来到爱城。

遇见劳拉那年，她的女儿才离开她不久，在著名的芝加哥艺术学院开始了本科学业，而她自己刚结束一段关系，单身的劳拉，正经历寂寞的空窗期，她坦率告知，她有中年危机，眼看年华流逝，希望赶快找到男朋友。

我和劳拉气息相投一见如故，并且彼此好奇，很快成了好朋友。周末，劳拉常带我去她认为值得一看的地方：古董店、外城名餐馆、牛羊拍卖场……有个礼拜天上午，她穿着优雅华贵的羊绒大衣来约我去教堂，她向我解释说，不是要说服我入教，而是让我见识一次非同寻常的礼拜。

果然是一次非同寻常的礼拜，教堂里不少黑人，乐队用爵士节奏演奏福音歌曲，全场教徒起身摇摆，唱着爵士风格的圣歌，气氛太 high 了！是我见识过的最欢快的基督礼拜。

是的，劳拉是基督徒，却是个非常 liberal（自由的、开明的）教徒，她会大笑着坦承，噢，我有时也会怀疑是否有天堂。跟她在一起，绝不会有被说服入教的压力，劳拉认为信仰是很个人的选择，要尊重他人选择自己的信仰。

那年我离开爱城时劳拉为我写了一首诗送别，令我感动异常，我们一直保持着通信，我带着儿子再回小城，她自然也是我们家的常客。

冬天去哪里找乐子呢？劳拉说要带我们去一个她经常去的地方，于是我们坐进她的车，在郊外白雪茫茫的原野驰行了四十几分钟，真够远的！

劳拉把车停在河边一座大桥旁，这是一座桥形线条十分漂亮独特的大桥，桥面铺着木头条板，有固定住的木头长桌放在桥上，河边有一间年代久远几乎接近破败的房子，是一间农场酒吧，酒吧的门楣上写着建造年代，竟然从二十世纪三十年代开张至今。春暖花开时，客人在酒吧买了吃食可坐到门外的桥上享用，一边欣赏宽阔的河水在光影里的变化，多么惬意怡然。

酒吧虽然破旧，却成时尚地，门外停了不少好车，这还不是周末。原先为农夫建的乡村酒吧，这些年成了小城时尚人士常光顾的地方，生意兴隆。这两年，酒吧又扩展一倍，原先的院子盖成房子。

也许这间酒吧很少有东方人上门，那天，我和儿子进去时，所有的目光都聚集到我们身上。一位农夫上前和我们招呼，他说，他每天上酒吧四次，一次早餐，一次午餐，一次晚餐，然后夜晚来喝酒。这么说着他自己被自己逗得哈哈大笑。

酒吧保留点唱机，一枚夸特（25 美分）点一首歌。天花板上贴满各种零钱，这是第一次上门的顾客留下的。儿子爬上椅子在天花板贴上一美元纸币，一边遗憾没有带人民币，然后儿子在点唱机投美分给自己点歌。这两件事让他不再抱怨跟着我们上酒吧无聊。

吸引城里人来此，不仅因为酒吧有历史，还为了酒吧经营的唯一的快餐汉堡配土豆条非常可口。这汉堡里的牛肉新鲜多汁，土豆条是真正的土豆手工切成条状，而不是快餐店里用土豆粉在机器里压出来的配方土豆条。土豆条从油锅里出来，直接端到桌上，配上一小碟店里自制黄油，固状黄油被滚烫土豆条蘸后开始融化，是我吃过的最美味的土豆条。虽然有违健康原则，我却和劳拉互相安慰，没事，偶尔吃一次，我们俩都相信，美食给人带来的愉快回忆有益身心。

以后，每隔一段时间，我就要和劳拉去那间酒吧过一过美食瘾，心里稍有不安，便会自欺欺人说，难得来一次嘛！新鲜牛肉做成的汉堡配道地的热土豆条蘸黄油，再配一罐冰可乐，我那时就知道，这将是我以后离开爱城经常想念的美食。

和儿子在爱城的第一年圣诞夜晚，是在劳拉家度过的。那晚，劳拉有一个圣诞晚餐派对，客人不多，晚餐简单，前菜是沙拉，主菜是鸡排配芦笋，有葡萄酒，甜点是客人带来的蛋糕，但劳拉的屋子充满节日气氛，鲜花盛开香烛芬芳圣诞音乐轻轻萦绕。客人离去后她驾车送我和儿子回家，劳拉特意绕路带我们看不同人家的圣诞花园，那是教徒们在自己家的花园用彩灯搭建装饰的圣诞花园。黑夜里，那些用灯光搭建的想象的天堂，灿烂如梦幻，令我们发出阵阵惊叹。劳拉唱起了圣诞歌，我和儿子和上她的节奏，歌声搭建了我们车内的美丽小世界。

这第一年圣诞儿子还愿意和我们玩在一起，很快他就像这里的中学男生，变得 difficult（难搞）。劳拉上门，他只在自己的房间隔着紧闭的房门说一声 Hi，劳拉很难过，问 O 奔为何不愿出来见她，我告诉她，他不出来见所有的上门客人，他不就是你们美国人最头痛的 teenage 吗？这些 teenage 不都是关在自己的房间，不愿跟父母的客人啰唆？劳拉便笑了，反过来安慰我说，这只是发生在一个阶段，会过去的。

重逢劳拉，她变得忙碌，不仅升职成杂志的美术总监，同时在大学兼教一门平面设计课。她说她很为自己骄傲，她曾经认为难以做到的事都做到了。她靠自己收入养大女儿杰西，并让杰西进收费昂贵的私立大学，学的是没有职业保障的视觉艺术，这不是很多美国家庭愿意承担的重负。即使负担得起学费，很多美国父母并不愿意付贵几倍的学费，他们让子女进只缴全额学费一半的本州州立大学。然而，芝加哥艺术学院是名校，是许多学艺术的孩子向往的学校，让孩子进一所她心仪的大学，便是这位单身母亲可以给予孩子的最厚重的礼物。

劳拉告诉我，在过去很长一段时间，她只去 Aldi 买食物。Aldi 是一间德国人经营的廉价超市，低收入居民常光顾。

我才知，这里超市也分低中高档。中等收入家庭多去水果和蔬菜新鲜但价格远高于 Aldi 的 Havee 大超市，收入高追求健康生活的教授和医生们则去价格昂贵的有机食品超市，星期三黄昏和星期六早晨的农产品集市价格不菲，出售的手工面包和蔬菜比超市贵好几倍，生意却奇好，因为我们这座小城人口不多，却有一所大学和一所有两千名医生的大医院，因此收入指数高。

劳拉虽然是设计师并在大学兼课，但她独自抚养女儿，并负担女儿的私立学院学费，所以，直到女儿毕业后，才有经济能力去 Havee 和有机食品店购买高品质食物。

天暖和了，周末我们去林中 hiking（徒步行走），一边聊天。因为有语言障碍，她必须放慢语速，并选择浅显的语词，还要试图听懂我表达奇特的中式英语，而我更像是在上一门语言课，因为，劳拉有问不完的问题，我们俩互相承认，每次小聚后直感到筋疲力尽。

劳拉爱看电影，她经常浏览最新电影的 review（评论文章），如果是肯定的评论，她会来约我同上电影院。几年来，美国好莱坞屈指可数的好电影，都是因为劳拉作介绍而没有错过。她本人还是个出色的爵士歌手，有固定的贝斯手和钢琴伴奏，他们每年去医院给病人演唱，偶尔她还会被邀请去政治社交性质的派对演唱，那一次，她的爵士独唱演唱会，票价卖到五十美元呢。

我们是母亲，话题自然离不开孩子。劳拉说，我们共同的特点，都有个独生孩子，作为母亲都不够理智，对孩子照顾过度。她告诉我，有段时间，女儿杰西拒绝上学，每天早晨她和杰西之间，都要为她上学做一番挣扎，杰西自然是拒绝上学，劳拉就像拔河，把杰西拔上车，然后，杰西在车里号啕大哭，这时她也崩溃，和着女儿的哭声一起哭。

女儿成长时的叛逆，让劳拉更揪心，那些迟归的夜晚，联系不到女儿的劳拉无法入眠，那种担忧焦虑害怕，只有做母亲的才能体会。夜深人静，睁着眼睛躺在床上听着外面的车驶声，一辆又一辆车从她们的小楼前驶过，直到听见女儿的车驶进自家的车道，她才合上眼睛入眠。

说起来这都是杰西读大学前的往事，如今的杰西，开朗阳光正面，她从未像劳拉担心的那样走上什么歧途。是的，母亲们就是这样脆弱又坚强地和孩子一起成长。

劳拉怕我寂寞，说：

“你可以任何时候来我家，假如想聊天。如果我不在家，你也可以进来，我不锁门的，你给自己煮杯咖啡，看看片子，我经常会租些新片子。”

真是我最铁的美国姐们儿。

有一个傍晚，我外出回来开车经过她家，想去看看她。我把车停进她家车道，在楼下按了两声铃没有应答，她楼房的边门果然没有锁，便开门直接上楼进她的客厅。第一眼看到的是劳拉的背影，她背对楼梯正在客厅看电视，手里拿着酒杯，劳拉说，她给自己调了一杯鸡尾酒，我很吃惊，为何独自一人喝鸡尾酒?

劳拉告诉我，她的杂志社在裁员，杂志社新来的老板与她不太合得来，劳拉认为自己作为艺术总监薪水最高，被裁的可能性最大，她说：

“不如把这看成好事，要是被裁就当作提前退休，过另一种自由人生。”

下班回来，她便给自己调了这杯鸡尾酒，说是给自己庆贺，庆贺可能的被裁，或者说庆贺可能提早到来的退休。劳拉这么说着，脸带笑容，有几分自嘲，却未露伤感。

我却被伤到了，被她孤独的背影伤到了，被她孤独一人喝鸡尾酒庆贺可能的裁员伤到了。是的，这并非是真正的庆贺，不过是努力以 positive（积极的）的姿态去面对人生里时时会出现的挫折，不去麻烦别人不向他人抱怨，自己给自己鼓劲，自己为自己负责，美国社会不欢迎 negative（消极的）的人，独自承受各种打击，是劳拉这样的美国人早就接受的现实。

可是，在我的人生里，甚至还没有过独自在一个空间生活的经验，更没有过独自喝酒庆贺自己，并且这庆贺明明充满苦涩。

我来自一个人口密度极高的都会，我们的生活是被嘈杂拥挤喧嚣包围，你可以说市声喧闹我心孤独，到了成熟的年龄，更要去寻找属于自我的空间，但未有过全然是生物性的孤独。搬来小城以后，我却实实在在感受到了一种与人群隔绝的孤独，官能上的空洞感，眼睛看出去的街道，只见车不见人，自己进进出出，也锁在一个人的车厢。这让一个从高密度人群里出来的人产生失衡，或者说我们的文化基因决定我们是无法真正脱离人群的，因此在华人中便有“好山好水好寂寞”一说。虽然以写作为生活方式的我已经习惯并且需要独处，可是大环境的空寂，和你在繁华大城市的闹中取静，是截然不同的感受。

我有一位在上海安静的西区长大的女友，曾嫁给美国华人医生。他们买住宅时选择的高档社区在树林深处，周边没有住户，按她的说法是看得到动物看不到人，通向她家小楼的那条街的路灯开关由她家控制，除非有客人来家，才会开路灯，平时的夜晚可真是漆黑一片哪！女友无法忍受这种没有邻居更谈不上人气的环境，便换房子到社区层次稍低的联排别墅，仍然觉得太安静，索性去住 down town 的公寓楼，虽然社区层次更低，但她宁愿不要“高级”要“人气”。到后来，她索性搬回上海。

我们讨论关于孤独，劳拉笑说，这的确是文化基因的差异，他们的文化过于注重私人空间，注重隐私，人和人首先是从身体上保持距离，更何况心理距离，由此付出的代价便是孤独。孤独是西方人的生命基调，劳拉和许多美国人一样需要个人空间就像需要空气。

当然劳拉也需要朋友，珍惜自己的朋友圈，劳拉认为朋友是让她在这仿佛与世无争的小城生活下去的理由。不过，她和朋友相聚，时间不会太长，她似乎不喜欢跟别人腻在一起太长时间。或者说，美国人和朋友聚，时间都不长，吃一餐饭或者喝一杯酒就散了。

无疑地，劳拉是女性聚会的灵魂人物。离婚单身的她，在网上结识一男士，两人笔谈投机，之后便有电话热线，电话里的男人健谈幽默，作为成功人士，其个人奋斗史十分传奇，这热线电话递送的能量也十足充沛，眼看劳拉陡然风采照人。终于到必须见面的时刻，她很忐忑地找我商量，我也不太有主意，直觉是个冒险，说来可笑，我和她一样，所谓的“险”是怕见到真人“面目可憎”，我俩达成共识，坚决不接受“大肚腩”。

我离城一段时间，回来时被邀去她家聚餐，她那天穿一件苹果绿衬衣，配淡绿框架眼镜，衬得她的双眸更绿，一双漂亮得极富诗意的眼睛。她在餐桌上快乐宣布，与网恋男友相见甚欢，他们将正式开始约会。女友们举起酒杯说着祝贺话，我心里却有些不安，中国人的我多一些忌讳，总觉得某些好事刚开始不宜声张，仿佛一说出口便有掉落的风险。但那晚当她抽隙轻声告诉我，肚腩不算大，未过底线，我也有像买彩票中到奖那种充满侥幸的喜悦。

几个星期后我们再见面，她那里故事已结束，相见甚欢的约会并未继续，那个曾经浮出海面的男人，突然又消失在茫茫无边的海水中，从此再未露面，就像被海里的鲨鱼吞去了一样。

这样的结局从抽象含义上于我并不意外，因为，奇迹终究不可能发生。但见劳拉突然变得委顿，她特有的自信乐观荡然无存，这正是我最怕见到的后果：这段情虽然短暂，劳拉终究被摧残了一下！

但劳拉这样的美国女性，天生乐观单纯，生活态度积极。虽然委顿了一阵，却很快自愈。

之后，劳拉去芝加哥和她大学同窗聚会，那次聚会，至少有两位大叔男生向她表示好感，其中一位后来和劳拉保持了数年精神恋爱。不过，当时聚会后，劳拉曾不无遗憾告诉我，此男什么都好，尤其是，声音很性感，却长得不好看，不好看到她不想看到他，她说这句话时自己都笑了，我更是哈哈大笑。

所以劳拉和这位同窗的关系，完全是因为对方相貌不如意，才变成了精神恋爱。她喜欢和他通电话，他们谈音乐谈文学，劳拉本人是书迷，她丰富的精神世界，需要有人分享，她这般无奈感叹：

“我是这么喜欢听到他的声音，就是不要看到他……”

话未完，她自己先笑起来。

在这期间，劳拉有过几次短暂恋情，让我觉得最浪漫的，是她在修车时和修车机师擦出火花，这再一次让我发现美国人的感性，面对感情，他们不重视层次差异，更听从自己心脏的跳动。虽然这些恋情没有维持太久。我这个理性的中国人不得不告诉劳拉，我认为电话热线那头的昔日同窗更靠谱一些，也许，到了老年，你会不在意他的外表，这句话让我们两人又轰然大笑。

我很怀念我们一起度过的好时光，她常常载我去那间乡村酒吧，我们在路上说笑太投入，而让她把车开成超速，好在乡间很少警察，没有警车追来。

那天去酒吧正逢同性恋聚会，里面人太满，我们坐到酒吧外的长廊下喝啤酒。旁边都是同性恋男人，劳拉兴之所至想抽烟，便问那些男人买一支烟，那些男人都不抽烟，她逐一问过去，最后是个女人给她烟，人家不肯收她钱，她却坚决要付钱，这情景有些好笑，我和同性恋男人们一起大笑，劳拉抽着她好容易买来的一支烟，一边跟着我们哈哈大笑。

劳拉每次都是想抽烟时去买一支烟，有时在某个小镇，她去找杂货店问人买一支烟，然后我们并排坐在店门口长凳上。陪她抽烟时，我便要笑她为何只买一支烟，这成了我们之间的笑点。有时，我们去高速公路旁那家有名的冰淇淋店，买了蛋筒闲坐在门口的木凳上，于是劳拉又想抽烟了，她又到处找人买一支烟，我再一次为这样的情景而放声大笑。

我可以为劳拉放下心了，最近一次遇见她，她还在和那位大叔男生保持着电话热线，他们并非完全不见面，说起这位以谈话为主要交往方式的男朋友，劳拉总是绽开她富于感染力的笑容。

14

率真直接的黑人

苏丹人虽然皮肤很黑，黑到脸上的五官都不那么分明了，但他们心地善良乐于助人，我很庆幸有这么nice的邻居。事实上，美国华人对于黑人的恐惧，通常是跟美国黑人犯罪率高有关，但苏丹人不是美国人，他们是刚移民来美国的非洲黑人。再说，美国黑人里也有很多层次，跟其他人种一样，这原本是最基本的道理。可是，当你在为自己的偏见羞愧时，生活又来嘲笑你一下。

那天夜晚，电视直播美国奥斯卡颁奖仪式，我请国内来的女博士生小礼来家一起看直播节目吃顿便饭。小礼的专业是比较文学，曾帮助国际写作计划笔会为中国作家做翻译，因为这段关系我和小礼成了朋友。这晚的奥斯卡颁奖直到深夜，就在节目将要结束时，突然有人大力敲我家的房门，我们骇得立刻把电视关了，是我们房间的声音影响了别人吗？但也不至于把门敲得这般无礼吧！我和小礼面面相觑一时不敢出声。儿子从他的房间冲出来，我赶紧示意他噤声，这敲门声越来越猛，来者不善的感觉！我们一动不动恐惧地看着这扇门……

可怕的是，我突然发现房门没有锁上。

我蹑手蹑脚走到房门前，小心不敢弄出声音先把门锁别上。我起先不敢看猫眼，只怕门外的人能通过猫眼看到门内人的眸子。不过，我还是忍不住翻开猫眼的盖子，迅速地去看了一眼猫眼，看到的是个陌生黑人，一个三四十岁个子中等身体有点粗壮的黑人，留着连腮胡，要是把他朝坏人处想，也是蛮像坏人的。这时，外面的人已经不是敲门，而是在踢门，这三夹板的房门看起来有被踢破的可能，而且那把锁的锁舌很短，好像咬不住门框似的。

我们三人已经吓得魂飞魄散，下意识逃进我的卧室，才发现没有门锁，又逃进儿子的房间，也是没有门锁，还好，浴室是有锁的，我们三个人便逃进浴室锁住门。

“他会不会带枪？”

儿子用气声问，是呀，如果那人有枪，有门锁也没用。小礼已经用手机报警，还好有她在，如果是我，首先，慌张中不知往哪拨电话，其次，即使电话通了，情急中英语也会越加混乱。小礼虽然拨通电话，但那边的警察东问西问，真急人，我们在旁边七嘴八舌催促警察快快赶来。

等警察在那边做完记录已过去至少五分钟，待小礼放下电话，外面的踢门声似乎也静下来，但我们仍然不敢走出浴室，我们屏声静气耳朵贴着门，只怕那人已经把门踢开进了客厅。

警车终于到了，我们房门外鬼影子都没有一个，警察带来的两条狗，在楼内楼下巡走了几圈，不巧的是，那天与我们同一走廊的邻居竟然都没有在家，警察便也找不到周边其他人询问。我们抱怨他们来得太晚，对方要是存心抢劫什么的，按照这个速度，早就干完事离开了。

不过，这公寓楼里，有什么东西值得抢劫呢？

警察听了我们的一番陈述，说最有可能是对方喝醉酒走错人家了。因为他来我们这里踢门实在也看不出有何动机。也是，我们这里每栋楼外表一模一样，连楼梯走廊铺的地毯都一样。我就走错过楼，曾上旁边那栋楼掏钥匙开门，怎么也开不了，四周一看有点异样，才去楼下查看门牌号码。

这时我才想起来，我看见这个黑人手里还端着什么东西，是有点像走错人家的感觉，不过他踢门也太狠了。

无论如何，我们还是惊魂未定，小礼不敢一个人回家了，警察答应用警车送她。小礼离开前不由担心，要是回到住处被熟人看到她坐警车回家，以为她犯事怎么办？我忍不住笑了，觉得那情景是蛮荒谬的，警察不知我们笑什么也跟着笑了，这场惊吓便在半搞笑中结束。

次日，我打电话给租房公司，将夜晚的事描述一遍，他们也立刻断定是有人走错门，说这里治安很好诸如此类，仿佛怕我退房。我要求给锁加固，他们便立即派来工人，把被踢得有些开裂的门框加固了，并换了一把锁舌奇长的锁。

我遇到苏丹邻居约翰，把踢门的事告诉他，他很吃惊，立刻把他和他同屋乔治的手机号码抄在纸贴上，让我把纸贴粘在厨房的冰箱上，说如果再遇上这类事，立刻电话他们。我使劲致谢，如果再发生这样的事，求助住在边上的他们，的确比求助警察更有效率，前提是，他们必须在家。

之后，这骚扰再也没有发生过。

几个月以后的有天晚上我参加聚会到深夜，朋友开车载我回家。她把车子径直开到我公寓楼外的停车场，却看到有个黑人穿着一件有帽兜的雨衣，站在我的公寓楼大门正前方，由于他背对着公寓门口的路灯，脸黑乎乎看不清五官，帽兜上的尖角使他的形象看起来有点怪异，我和朋友都被惊到，车厢内一时静寂。我因害怕而用气声问朋友："他就站在我的公寓楼门口，怎么办怎么办？"

朋友是个个性强、言辞犀利的女教授，此时好像也有点无措，她思索片刻，然后慢慢地将车头对着我的公寓楼朝前移动，试图靠公寓更近些，一边对我说：

"我把车绕到他后面一直开到最门口，你下车后，我会看着你上楼。"

当车子接近黑人，我才看清，他是我的苏丹邻居约翰。

"天哪，约翰，你可把我吓得不轻！"

我打开车门差点喊出这句话，不过，我真正喊出的话是：

"Hi，约翰，晚上好，怎么还不睡？"

他笑着回应我，抬起手出示他指间的香烟：

"你知道，楼内不能抽烟！"

此时，我才发现，天在飘细雨，怪不得约翰在大门外吸烟穿雨衣戴雨帽。适才的惊吓，我的身体还在轻微的战栗中。

夏天我去纽约，飞机在新泽西的纽瓦克机场降落，据说纽瓦克一带属于非裔美国人区，治安不好是有名的。有个住在新泽西的华人曾经向我这般形容，那一带小镇的治安如此之差，以至没有外族人敢进去开店做生意，除了福建人，只有以无畏强悍著称的福建人敢进镇子开店。他们开的洗衣店，柜台旁就放了一挺机枪，假如黑人敢进去抢劫，他们也敢用机枪扫射……如此场景也太生猛，我想象一下都会打一个寒战。这位华人说，他甚至都不敢开车经过那一带，怕车子中途抛锚后遇到不测。

我到纽瓦克时已近黄昏，那晚是去曼哈顿朋友家住，我需从机场转乘进纽约的火车，我一时未看到去火车站的指示牌，心里有些焦虑，想尽快在天黑前离开新泽西。

可机场外一片空旷，远处有个巴士站，有两三个黑人，我走上前向其中一位年轻女生问路，在她的热情指点下，我顺利找到火车站。此时，站上也是好几个黑人，我从站上地图获知，从这里去纽约曼哈顿中途还需转一部车，我向旁边一位二十岁左右的黑人小青年打听如何转车，他先问我将去的方位，然后告诉我，这也是他要去的街区，说他在那一带的餐馆打工，让我跟着他转车，我心里有点犯嘀咕。

却在此时，列车来了，可我还没来得及买交通卡，小伙子说他的交通卡是现金卡，可以连着拉卡，说着便进站，并为我多拉了一次卡，我只得跟着他上了火车。

上车后我还他钱，他还婉拒了一番，这让我感动。要知道在餐馆打工辛苦又收入低，在金钱上斤斤计较的美国，一个打工者却这么慷慨，我不管三七二十一，硬是把车钱塞给他，这小伙子收下钱后，很识相的走开一点，脸对着窗外，此时我对自己先前的嘀咕很自责。

到了换车站头，小伙子才招呼我，我和他一起转到另一部车上，然后，在同一站一起下车。这里已近华盛顿广场，是我熟悉的街区，我满怀感激地和黑人小伙道别。

我申请旁听戏剧系本科编剧班，课程在晚上，第一天上课，戏剧系的辛迪副教授来班级找我，说她看了我的简历知道我是作家后，邀请我直接去参加研究生班的戏剧工作坊。

辛迪是黑人女子，她的一双手手掌扭曲，没有手指，指根的骨头露在皮肤外，十粒尖尖的白骨代替了她的手指，辛迪写东西，便是用指根的骨头夹住笔，她常在课上做笔记。

辛迪是剧作家，二十世纪九十年代便在美国戏剧界顶尖的《美国戏剧》杂志上发表剧作，纽约的戏剧舞台上演过她的戏剧。

戏剧工作坊的上课方式是，每星期朗读并讨论一位学生的戏剧作品，每次朗读加讨论共三小时。朗读通常请表演系的学生代劳，之后的讨论会是围着一张长台展开，常有导演系学生一起参与。

工作坊的正式学生，人人都要参与讨论并给予各种观点，主持讨论的是戏剧系主任，辛迪是这个班的指导老师。

这个班一共才十二三个学生，虽然我是旁听，但既然参加了，就不能不发言。用英语聊戏剧，于我是挑战，可也只能硬着头皮参与，夜晚通过朗读把剧作一次性听懂，对于我太难。我必须提早半天，把当日需要讨论的学生剧本先浏览一遍，我因此也有资本去发言谈看法。

虽然在写作上我比在座学生资深多了，但语词的不够丰富，令我不太自信。可辛迪却特地来告诉我，讨论会上她最有收获也最有兴趣的是我的看法，她认为我的发言对这些学生的创作很有启发，辛迪的鼓励，不仅是鼓励，也是一个表达友情的信息，我们因此开始交流。

这个戏剧写作班，除了一个美日混血男生加上我，其他都是白人，女生居多，课间休息时，他们多和自己已经熟悉的同学交流，也许辛迪是老师，也许中西部的学生也比较怕难为情，不太放得开，他们几乎不主动和辛迪聊天，当然也不会主动和我谈天说地。

因此在这个空间，辛迪和我便落单了，假如我和她之间也不交流。那时我们之间还有些陌生，而辛迪的个性羞涩敏感，并非马上就能在一起聊许多，我们是通过时间累积慢慢越聊越多。于是课间休息时间不够聊，便周末去咖啡室。

辛迪有一双不笑时显得严肃甚至冷峻的眸子，但她为人真挚诚恳，没有那么多的客套，反而让人更容易向她倾吐心里话。她让我想起我在纽约时的黑人好友杰西卡，一位才华横溢优秀卓越的视觉艺术家，杰西卡高挑苗条像模特，她的丈夫布莱德与她黑白配，是个金发碧眼英俊男，也做视觉艺术。

杰西卡是那种与我有着与生俱来的亲近感，可以成为闺蜜的朋友。我们之间很容易就越过文化话题、民族话题，直接进入女友之间的话题。我在纽约那段时间，她怕我寂寞，常邀请我参加她家聚会，在她充满艺术气息的寓所，来聚会的客人也是清一色艺术家，并且黑白相间，很国际范儿。

那些夜晚，在客人们的谈笑间，杰西卡却与我在厨房说着知心话，她最先告诉我怀孕的消息，生了孩子后，她给我看还没有完全收回去的肚子，担心不再有好身材。她告诉我她的真实年龄，担心会老得太快，而比她年轻的丈夫却还那么孩子气。

在与杰西卡和辛迪的相处中，完全没有肤色和民族隔膜。我有一种强烈感觉，她们的真诚坦率，那种从内心透出来的温暖，坦白说，是黑人身上特有的，假如说黑白之间有什么差异，那就是他们比白人更炽热的温度。

这是我的错觉？或者，身为少数民族，有同是天涯沦落人的深切认同，和毫无保留的赤诚相见？但无论如何，这只是我的个人感觉，没有普遍性。

我的一位大学学姐曾是芝加哥一所特殊教育学校的老师，她告诉我，学校老师们表面上和睦，其实还是分黑白两个圈子。当她随派往中国做总代理的丈夫回上海，辞去已做了十年的学校工作时，同事们为她开欢送会，之后，黑人老师又为她在校外搞派对，过后，白人老师知道了，也为她搞了一个派对。

她也有这种感觉，仿佛黑人更率真更热情，什么都放在了脸上。因此假如她不喜欢你，也会让你有吃不消的感觉。纽约商店很多营业员是黑人，尤其是时装店，遇上打折客人很多，那些黑人营业员会给你看脸色，绝不会担心自己不够周到。总之，黑人的好恶都比较直接。假如一白一黑都不喜欢你，你宁愿要黑人不掩饰的厌烦，还是要白人假惺惺的笑容呢？

15

ELL 班又起风波

阿力克斯结婚离开了儿子的学校，ELL 班来了一位新调入学校的老师，我问起这位老师，儿子的口吻有些厌烦，说她是墨西哥人，老了！啰唆！

“以前，你不是也嫌阿力克斯啰唆吗？”

“她怎么能跟阿力克斯比，我现在才知道阿力克斯有多好！”

“你要等老师离开学校才知道他们好吗？”

儿子闭紧嘴巴回到他的房间，不愿与我聊下去，每当看出我有教育他的苗头，便立刻做出拒绝姿态。不过，断断续续，不经意间，他会讲起这位老师，他说她去过中国，因为她的丈夫有去中国做生意。我便得出结论：

“这是好事，去过中国的老外，对中国学生会特别照顾。”

“才不是呢，”他反驳道，又一次认为我在一厢情愿自说自话，“她对中国印象不好，因为她在中国时，中国人对她不好，他们以为她是黑人。”

儿子的这句话让我一愣。所以，不要抱怨美国有种族歧视，中国的种族歧视不是更严重更无所顾忌吗？无论肤色、国度、地区、民族、性别、年龄，都可以任意地公开歧视，而不用担心受到法律制裁。这个，我在自己城市深有体会，上海曾以歧视外乡人而受到全国人民杯葛。多年前，国营商店营业员态度本来就差，要是遇上不讲上海话的顾客，那腔调简直是恶劣。

“墨西哥人有像黑人那么黑吗？”我继续先前的话题。

“还好，你自己去看。”

儿子敷衍起来，一旦发现我对学校某人某事有兴趣，便习惯性地关掉话题龙头。

有一天，我接到学校副校长的电话，他问我何时有空，能否去一趟学校。

“当然，任何时候都可以，”我紧张发问，“发生什么事了吗？”

“很感谢你答应来学校。你别着急，不是什么大事。”副校长在电话里用安慰的口吻说道，“ELL 班的老师和 O 奔之间有点问题，老师希望我帮着解决，我想和他们两人一起聊聊，希望你来参加我们的谈话，我们也应该听听 O 奔心里怎么想，我们希望孩子在学校心情舒畅。”

从儿子用没好气的口吻提到这位新老师，就晓得他们之间没缘分。我很相信老师和学生之间也讲缘分，同样的课堂和课程，不同老师会给予同一个学生完全不同评价，尤其是比较感性的美国老师。

第一学期的数学课老师是位上了年纪的白人女教师，第二学期的数学课是位中年的犹太男教师，两位教师对O奔的评价截然相反。女教师认为O奔上课不专心，常趴桌上睡觉，男教师认为他解题快，积极回答问题，是优秀学生。

我隐隐担心儿子和ELL班新来的老师合不来，不和谐关系会影响孩子对这堂课的接受程度，有些孩子因为喜欢或不喜欢老师，而导致他们喜欢或不喜欢这位老师的课程。但我并没有料到问题这么快就来了，还发展到老师告状到副校长那儿。

不过，副校长安慰性回答，或多或少缓解了我内心的焦虑，我对自己说，这里不是中国，不要用中国的思维方式，即使学生得罪老师，也未必有什么了不起的坏结果。同时，心里着实很恼火儿子，太不识相了，为什么跑到美国还要惹是生非？你看，明天一早去学校，我都不知道说什么，每次预想英语交流过程，我就有词穷感觉，这英语问题，令我做家长都变得没有自信。可一想到语言的困境，我又同情起儿子，现在的他，每天都面临不自信。以为到美国学校就万事大吉，真是太错了，美国学校有美国学校的问题，别想做省心的家长。

儿子回来后我告诉他副校长的电话，让他对我明天去学校有心理准备，我尽量轻描淡写，语气平和不带责备，还向他赞叹副校长的好态度，只怕这位老师的告状激起他更大的反感。儿子的反应总是令人意外：

“他们讲话你听不懂怎么办？”

“你听懂就可以了。”他倒是担心起我，真觉得有几分可笑，“担心我听不懂，不如先告诉我你做了什么让老师去找校长？”

“她也太爱告状了……”

儿子对老师告状校长这件事还有点不可置信。

“你先告诉我是什么事让她告状？”

“谁知道？是我上课讲话……”

“哪个老师会喜欢学生上课讲话？”

“副校长是墨西哥人，她也是墨西哥人，所以她认为副校长会帮她。”

哦，副校长是墨西哥人？我有些意外，电话里的副校长和蔼可亲很有教养，而在我们中国人的偏见里，总觉得墨西哥人都在做体力活，文化程度不那么高。

“副校长不是墨西哥人也要帮她，因为你不对……”

“哪有老师为了这么点小事到校长那里告状？”

这种循环式对话，通常将以我的斥责结束，但我忍住了，为了明天早晨的谈话效果，现在的斥责只会强化他的对立情绪。

“他们说话你要是听不懂，我回家再给你解释……”

儿子关照我，真让我哭笑不得，对自己的事不上心，却还在担心我听得懂听不懂。

“我肯定是大部分听不懂，说不定还会答非所问。”我故意让他着急，果然儿子的眸子里有了惊愕，我忍住笑，“你最好以后识相一点，少让我去学校出洋相。”

我心里明白自己不应该在这种时候还觉得好笑，换了人家家长，生气都来不及。不要怪孩子了，我自己不也是一直没有学会做个合格家长吗？唉！

按照与副校长约定的时间，次日清早上课之前半小时，我们一起去副校长办公室。儿子不愿与我同去学校，他先走一步，说要去教室干嘛干嘛的。

副校长还不到中年，三十七八岁年纪，个子非常高，皮肤略黑，就像晒多了太阳，一双眸子视线有点偏离，后来才知他因受伤而严重弱视。

这是一位和中学老师和中学氛围迥异的校长，一位感性随性、非常liberal不太被各种规则束缚的校长，在和他寒暄握手那一刻就能感受到。他的问候诚恳给我信任感。

ELL老师并没有O奔形容的那么老，但也很难估计年纪，只能笼统算为中年，她的肤色比校长更黑一些，眼睛大个子矮，我会把她看成印度人。她的英语非常悦耳完全没有口音，她对我的到来表示几分歉意。我心里不无遗憾，此刻，在这位副校长的办公室，我们四人是这所学校屈指可数的少数民族，O奔和这位墨西哥裔女教师之间，应该比和其他白人老师更close（接近）才对呀！

没想到艾米也来了，我看出她有些不悦。其实，不管她来不来，作为counselor，发生这类事都会让她知道，我与艾米常打交道，却觉得我们之间很难走近，我们两人各自停留在见面互相打一声招呼的阶段。我发现办公室那位中年行政老师也是这种风格，公事公办，客气冷淡，说实在话，人家不是天使，没有理由对我们热情，我们这些国外来的学生凭空给她们添了麻烦，我们这些国外来的学生家长英语不流利，再加上样样规则都陌生，需要指点的地方太多，对于她们，也是一种麻烦。

O奔是被从教室唤过来，我们在副校长办公室围坐一圈就像开会。O奔坐我旁边还不时瞥我一眼，好像最在意我的反应，不如说更像在担心我，仿佛看见家人处于困境却爱莫能助，他真的在担心我会出洋相。

但这场谈话才持续了十分钟。副校长先问了O奔一些问题，这学期学了哪几门课，最喜欢哪些课，关于后一个问题，O 奔竟然回答没有什么课喜欢，但问到 ELL 课是否有困难，他倒是回答没有问题，副校长便转脸问老师有什么问题，老师说有问题她会和 O 奔单独聊。于是副校长便用鼓劲的口吻，就像球队比赛前教练对球员那般："来吧，给我一个男子汉的承诺，这个学期至少要拿到一个 A！"

O 奔答应了，谈话就结束了。

那时上课铃声正好响，他们一对师生匆匆离开，艾米也跟着离开了，校长让我留一留。他感谢我能来学校，感谢我关心孩子，天哪，家长关心自己的孩子是应该的，校长竟感谢得这般由衷。

我代儿子向校长致歉，他却说：

"O 奔没有问题，是好孩子，我只是希望在学校看见他时，他是快乐的。"

这句话让我震动，可谓心潮起伏，正是为了让他快乐，我才不远万里把他带到美国读高中，可是，他快乐吗？

这是个需要用很长时间来探讨的问题，这位有情怀的校长，让我感触良多，可是我的语言准备不够，也顾及到校长的时间有限，或者说，还不到谈论这个话题的时候。

但副校长却岔开话题和我闲聊了会儿，对于我的作家身份感兴趣，完全不是敷衍而是认真询问我在写什么。他说他一向喜欢文学，读了许多书，我心里暗想，正是因为文学，使这位校长有人文情怀，关心着学生们是否快乐。

我离开时，校长向我许诺，无论何时，我需要帮助都可以找他。我相信这不是一句客套话。

风平浪静不久又发生一件事，又是在 ELL 课堂上，O 奔骂了这么一句粗话“What a fuck”，被老师处罚，那节课他必须离开课堂，并因此不能参加那节课的测验。这件事是他自己告诉我，说他爆粗口的理由是，一位非洲裔同学，跟他讲话时用力拍他肩膀，他以为该同学打他，便脱口成脏。

“可是，老师说她没有看到他打我，却听到我骂他。”

“你自己说他其实不是打你，是拍你。”

“他拍得很重，我以为他打我。”

“既然你知道他不是打你，你就跟他道歉吧！”

“我不想道歉，他以前也这么拍我，我告诉过他我讨厌人家拍我，我讨厌人家用手碰我身体，他为什么还要拍我？”

“那么，课堂上不能讲粗话这件事你应该得到教训了。”

他不说话，进了自己房间。我心里也很不舒服，儿子骂了一声 fuck 被罚离开教室，并且因不能参加这节课的测验而得了零分，这零分立刻就拉低了他的总分，对于一名外国学生，这样的惩罚是否太严厉呢？

儿子回家便泡在电脑前看美国片，看的多是动作片，对话不多，但 fuck 不绝于耳。与国内情形正好相反，中国电影是不能出现粗话的，但日常生活中到处能听到粗话，他的初中班主任在课堂上骂学生就常爆粗口。

我很想给副校长写信谈我的看法，对于不甚了解美国课堂规则的外国学生，应提醒在前惩罚在后，却又觉得这有为自己孩子过错辩护之嫌。事实上，课堂规则已密密麻麻写在学生人手一本的手册上，只是，对于刚来美国不久的孩子，英语不熟练，他们未必会去读这些规则条例。如果做家长的我都没有仔细阅读这些条例，又如何指望孩子去阅读？半途转学过来，匆匆忙忙进入新学校的节奏，似乎漏掉许多该注意的细节。可又想，假如新移民家长不识英语或英语程度低，又如何指望家长去帮助孩子弄明白新学校的规则？

想起副校长说要让孩子在学校快乐，也许学校应该多关心从国外转学来的孩子。这么一想，我还是给副校长写了信，为孩子的粗口道歉，也希望O奔和其他转学来的孩子，能在学校得到更多有关课堂规则方面的指导。

很快我就从儿子那里得到反馈，关于课堂爆粗口这件事，副校长找他谈了。副校长说，做事说话要看场合，比如和朋友一起烧烤，他可以穿T恤说笑话，也许也会爆几句粗口，但是作为校长，去学校就要穿正装打领带，不能讲那些烧烤时说的笑话。同样，作为学生要遵守课堂规则，课堂上爆粗口是被禁止的。（后来我把这事告诉我那位在纽约高中做老师的朋友，他说，这说明这是一所管理严格的高中，是一所好高中，说在他的高中，如果连爆粗口都要管，那么学校老师光管粗口这件事都忙不过来。）

那天，副校长和他聊了很多，他告诉O奔，他年幼时家境不好，自己又很叛逆不爱读书，进中学后参加篮球队遇到一位好教练，是那位教练改变了他的人生，他后来进了NBA，但在球场受伤，造成他弱视腿也有点跛，可他离开球队后回大学继续读学位，一直很努力。

“副校长参加过NBA呢！”儿子的口吻无比敬佩，这场谈话给予他最深刻印象的是这件事。“副校长说我和他有点像，爱打球，叛逆，这么说我以后也有希望进NBA了。”

如此乐观推论倒是让我一愣。

16

作家城的作家们

城里州立大学 UI 的 Writing Workshop（写作坊，相当于硕士学位），在全美排首位，美国当代最重要的作家雷蒙德·卡佛、弗兰纳里·奥康纳等都是从这个写作坊出来的。

此外，从二十世纪六十年代开始，美国著名诗人保罗·安格尔和妻子、著名作家聂华苓共同创办的 International Writing Program（IWP，即国际写作计划），每年秋天该组织邀请来自几十个国家的作家，参加为期十个星期的笔会，因此这座小城以全球三座文学城之一闻名于世。这也是当初我选择这座城暂居的重要理由。

城里有个著名的书店 Prairie Lights 经常举办作品朗读，作家季每个星期有若干次朗读，平常日子的星期天下午四点到五点是固定的作品朗读时间，电台会做直播。美国出版商安排作家签名售书，除了东西两岸的纽约和加州，美国中部这一站，便是在我们城里的这家书店签名售书。

然而，令我更有兴趣了解的，不是著名作家，也不是已经有出版物的作家们，而是散落在民间，从未出版任何作品，却仍然坚持创作的写作者。称他们为写作者，是因为，人们通常认为，只有写了作品并有出版的作者，才有资格称为作家。

有这么一种说法：生活在寒冷地带的人们更敏感更忧郁，也更有内心生活，比如多雪的北欧，比如同样多雪的美国中西部。有人认为奥古斯特·斯特林堡（瑞典著名作家）敏感而孤僻的性格在北欧人当中很普遍。而美国当代著名作家雷蒙德·卡佛、弗兰纳里·奥康纳，便来自冬天长达半年的中西部，他们的作品都有着深沉的悲哀底蕴，忧郁而美，绝望却有力量，他们都曾在 UI 写作坊历练。

早在多年前，我便读到过美国人的一篇文章，谈到，在美国中西部民间，隐匿着大量诗人，其中很多是家庭主妇。

在我暂居爱城的日子，竟然有幸遇到这些隐匿在民间的家庭主妇诗人。

还是在刚搬迁爱城那一年，在劳拉的朋友家，主人将一位被称为作家的中年女子带到我面前，她叫简，穿一身运动装，身材结实肤色黝黑，因为经常打高尔夫。她认识我的第一分钟便约我参加一个作家俱乐部的文学讨论活动，这个邀约让我惊喜，我还从未有机会遇见过本地作家呢。

然而，作家俱乐部的活动时间却是在早晨八点钟，地点在当地一家银行。

那天早晨，简驾车接我去银行。银行也是八点才开门，那时还未有顾客，大堂很大也很冷清。作家们的活动被安排在银行的会议室，会议室也很大，一张大长台，可围坐二十多人，靠墙的吧台上已摆放咖啡、茶和甜点，想来都是银行资助。

这家银行只在当地开设，有多家分行，我也是他们的顾客。虽然本地还有州银行和跨州银行，在这么多银行中挑选这家银行为我服务，原因却很简单。只因为若干年前，我在做驻校作家期间，当地报纸曾为我写过报道，这份报道被这家银行从报纸上裁剪下来，用套子塑封，通过邮局送到我住处，以示他们对我的尊敬和支持。我因此记住了这家银行，再回爱城，我便走进这家银行大门，成为他们的客户。后来我又知，他们不仅支持作家，也资助社区的戏剧演出。

当然，你也可以把这看作是一种商业竞争行为。本地另有一家州银行，每年秋天的国际写作计划期间，都会举行派对迎接各国作家，派对隆重，招待的食物高档，而笔会发给作家们的生活费，是放进这家银行让作家们领取。这虽是商业机构的生意经，但能通过文化资助竞争顾客，该是有品味的竞争吧。

这天早晨来了二十多位作家，大长台围坐满满。令我稍感意外的是，出席者全部是女性，且都上了年纪，想想也是，女人到了这个年龄，上班族已退休，假如是全职家庭主妇，孩子们都已经成年，是可以在人们上班的时间，聚在一起谈文学了。

主持人是一位年过九十的女士，名叫伊丽莎白，是的，伊丽莎白已经高龄九十二，瘦削白皙，涂玫瑰红唇膏，她就像她的名字，派头十足气场强大，雪白的卷发剪得短短抿在脑后，腰背挺直，黑丝绒连身裙前胸缀着碎钻，闪闪烁烁华丽耀眼。一条小小的秋香绿底色的丝绸围巾围在领口格外明丽，遮住她松弛多皱的脖颈，衬出她气质优雅。她几乎是座中女性外表最讲究、最都市化的一个。

中西部女性平常日子爱穿运动装，不事修饰，很少见她们用装饰性围巾。我们这里是大学城，通常在大学任教的知识女性的外表比较简约，也可以说是简朴，不走花枝招展那一路，而在农场长大的本地女性天生有股子纯朴味，不追赶大都市时尚，尤其是这群耽于写作的女性，衣着几近马虎，可说是不修边幅，九十二岁的伊丽莎白，在她们中间独领风骚。

我被安排坐在伊丽莎白旁边，因为她去过中国，二十世纪八十年代初她在南京大学教英语，我俩之间便有他乡遇故知的认同感。这是一种独特感受，在一群未去过亚洲对中国毫无概念的老美中间，有个人到过中国，就足以让你有安全感，是属于文化上的认同带来的安全感，至少你不是个莫名其妙没有背景的外星人。那一年，我还是刚刚开始接触美国腹地的普通百姓，她们望着你的目光充满好奇和困惑。

伊丽莎白聊起自己当年在中国的旅行，关于南大教学，让她笑得开心又不无骄傲，在座的她们惊奇好奇。伊丽莎白为我带来八十年代气氛，那是中国开放初始，来到中国的老外们，携来彼岸或者说是另一世界的气息，他们成了一种象征，代表了我们未知而向往的人生。

二十世纪八九十年代，上海有一所为成人办的英语学校，报名者人满为患，学英语也是象征，是去另一世界的通道。我曾报名入校，三天打渔两天晒网地学了几把英语，遇到过一位叫大卫的美国老师，他耐心仁慈相貌英俊，我们都快爱上他了，虽然对他的背景毫无了解。

然而，真正刺激到我的，或者说曾让我产生羡慕嫉妒恨的，是在一架从云南飞回上海的飞机上，一位年轻的美国女学生坐我边上，她一上飞机便脱下鞋袜，把枕头裹在外套里垫在脚下，她说她累坏了，已经在亚洲旅行半年之久。天哪，旅行亚洲半年？她跑遍了亚洲国家，即使在中国，她去过的地方也比我涉足过的多，那一刻，我对走出国门冲向外面世界的渴望更加强烈。

我坐在银行会议室回想那些年，在上海或在中国其他城市，一波又一波的出国潮流，无非展示了人们对于可以自由进出国门这样一种来去无阻挠的人生的向往！

讨论已经开始，我把思绪拉回来。看着伊丽莎白在那里滔滔不绝，我仍然难以置信她都快要活过一个世纪了。从面貌上看，她的脸颊、下颚、眼帘皱纹密集，如同一张揉得太久的纸，的确让你足够相信她有这么老，假如她不是这么瘦的话。然而她讲话时语言的清晰悦耳，她回答问题时的快速反应，你怎么能相信这是个年过九十的老人？在中国时我甚至都没有机会接触九十岁以上的老人家。因为，这样年纪的老人都被子女侍奉在家，不会再有社会生活。

有位女诗人腿有残疾，是坐轮椅来的，她身体粗壮声音洪亮，至少看起来不阴郁。有位女子形象特别鲜明引人注目，她有一双绿色眸子，眼睑还涂浓郁的绿眼影，头发好像随意剪出，长短不齐，发稍竖起，身上披挂了一堆五颜六色的布料，说笑时手舞足蹈，嗓音尖细得像是被捏住鼻孔，这样的形象在中国出现，人们会把她看作“神经病”。

由于我的到来，她们的注意力朝我转移，主持人伊丽莎白为我做了简短的介绍，当有人提议让我朗读自己的作品时，她们都朝着我鼓掌，我惭愧没有带作品来，以为只是随意地旁听一下，没想到她们都很认真。事实上，即使带来我的经过翻译的小说，也没有多少底气在一个朗读诗的空间读小说。

这天在座的女作家们，更准确地说应该是女诗人们，集中讨论了几首已经打印出来的诗，更像是分享彼此的作品，这才是文学圈气氛，让人羡慕。

我的低水准语言无法真正读懂这些打印出来的诗句，更无法领略蕴含其中的深沉意味，女诗人的背景她们漫长人生的故事，也一定彼此迥异各有沧桑，但语言像堵墙，阻隔了我渴望知道的另一世界。

这天伊丽莎白执意载我回家，她的车里还坐了残疾诗人和那位浓妆绿眸诗人，这位举止打扮稍稍有些反常规的女诗人刚从外州搬来，暂时无车。车里的景象令我忍俊不禁，这四个作家都太有特色，简直像一部欧洲电影刚刚打开的镜头：四个边缘化的女人，一个残、一个疯、一个讲不利索英语的东方人，没有车没有驾照在不同地方迷路，先后上了九十二岁老太太的车，故事就从这里开始。

一位叫布鲁兹的美国青年告诉我，他出生于农场，他的农场主妇妈妈酷爱写诗。这位主妇每天清晨四点起床，起床后的第一件事就是写诗，写完诗，她便大声朗读，她的丈夫和儿子被她的朗读唤醒，他们醒来后的第一件事，便是遵从她的指示，给她才写好的诗提意见，之后主妇进行修改，改完诗，她才以妻子和母亲的角色去煮咖啡烤面包煎鸡蛋，准备全家人的早餐。最后，在早餐桌上，她把修改好的诗再向丈夫和儿子朗读。

“读大学之前我从来不是自然醒，每天是被妈妈的诗歌朗读声吵醒！”

布鲁兹幽默地笑着总结道。

每天在妈妈的朗读声里醒来的布鲁兹，也许比他母亲看起来更像诗人，长而凌乱的卷发，梦幻的眼神。他大学毕业去法国游学，他希望自己是法国人而不是美国人，所以他在法国漂泊经年，只交法国女友，他希望生活更像一场游历，而不是朝九晚五。回到美国后，他便为法国旅游者做导游，他会带他们去富于诗意的老街区老店铺。

我和几位作家在波特兰遇到他，他自告奋勇带我们去吃东西，他不是带我们去吃汉堡比萨，而是去一间只有两平米的微型巧克力店，让店主给我们一小杯一口就可以喝尽的巧克力，那是他认可的优质巧克力。布鲁兹并没有固定工作，他在寻找什么呢？是的，布鲁兹骨子里也是诗人，尽管不像他母亲坐下来写诗。

我有几位美国主妇朋友，其中一位的母亲、另一位的婆婆都是诗人，这足以说明女诗人概率之高。我曾在咖啡馆遇见朋友苏的母亲，诗人爱德娜·卡朋特·布可，那天她在咖啡馆吃简易午餐，桌上摊着讲义夹，内层夹一厚叠写有诗句的草稿纸，和一本她正在阅读的诗集。天哪，这状态太吸引我，真希望我在老年时，某一顿午餐也会兴之所至去咖啡馆享用，并且同样手不释卷。

爱德娜的丈夫曾是美国空军上校，年轻时，她伴随丈夫去世界各地，跟随部队去过德国、夏威夷、日本。然而，在俄克拉何马的农场长大的爱德娜，其诗歌全然没有异国军旅生活的描写，却充满对故乡大自然的爱和关注，她的一首诗《触摸天空》为她赢得2009年州内桂冠诗人的荣誉。

我在咖啡馆遇见爱德娜那年，她已经九十岁，仍然在写作，她面容白皙沉静，说话时声音细弱有几分孩子气，看起来远比她的实际年龄年轻。她丈夫去世多年。她说,写作为她驱赶了孤寂,我想说写作使她保持了纯真的气质。

爱德娜八岁开始写诗，六十岁的时候，曾参加著名的UI写作坊，然而，她的传统的写作风格，被比她年轻许多，观念上追求现代派风格的指导老师否定。她曾经试图改传统变现代，最终又变回传统。毕竟她是虔诚的基督徒。

爱德娜一直写到九十四岁才停笔，那年她中风瘫痪在床，却在那年她的诗集出版，是唯一一本出版的诗集。也是在同一年，在她诗集出版不久，爱德娜辞世。

我曾遇到一位为医院开急救车的女司机，工余时间还做志愿者，给国际作家开车，她三十四五岁，已经成家有了孩子，整天穿着工作服，却是位发表过诗的诗人，至今还在写诗。她告诉我，她才获得这份医院工作不久，之前她开了十年货车，开货车是为生存，坚持写诗，是为梦想。

在美国，作家和艺术家的道路更艰辛，在实现理想的同时，他们都得为自己的生存负责，尤其在纽约，漂泊着几十万满怀梦想，从世界各地来寻求发展的艺术家和作家。还未找到出路的作家和艺术家多去餐馆当服务生，因此纽约人对于服务生们都非常尊敬，给的小费很多，他们知道这些服务生中卧虎藏龙，别看他们在此服务客人，心中的理想却很高远。

有一次在小城饭店吃饭，便遇到一位有气质的白面书生型的服务生，一问，果然，有大学英语系硕士学位，正在写作，立志当作家。

有一天，我为换汽车保险一事去保险公司，遇到一位非常年轻的业务员，他大学毕业不久，下班后在家写短篇小说，没错，他的理想是当自由职业作家。同去的朋友告诉他，我正是自由职业作家时，他兴奋得脸都红了，我们忘了聊保险聊起了写作。他感叹出版作品很难，我告诉他，我认为比起中国，在美国出版小说难很多，因为在美国，喜欢写作的人太多了，竞争就更激烈。

因此，在美国社会，普通人对于作家异常尊重，我的美国朋友为我介绍新朋友时，总是强调我是作家，而对方一定露出惊喜的目光，紧接着的一句话必然是，有出版过书吗？假如告诉他们出版作品的数目，他们会发出阵阵惊叹声。

曾有过一次最经典遭遇。

在进入美国边境时，持有永久居留证却较长时间住在中国的人们，都有同样的担心，要是遇到难搞的移民官追究你在境外居留时间超过半年，很有可能警告你并在护照留下记录，甚至收去你的绿卡。那次我离开美国较长时间，进边境时很担心，我排队窗口的移民官是位五十多岁的华人，看起来非常难搞，因为任何人在他窗口都被问许多问题而逗留很长时间，我前面一家四口中东人已站在窗口超过十五分钟。只见两旁窗口排队的人一个又一个走上前，提问回答拍照按指印，然后移民官的图章落到护照上。人家窗口入境速度很正常，可我已经站在等候线前，没有机会换窗口，周边的保安目光炯炯盯着呢。

等我站到窗口时，见我来自中国，这位华人移民官的嘴角掠过一丝冷笑，翻着我的护照，问我在中国住了多久，听到回答后便冷冷发问，既然喜欢住中国，为什么还要永久居留证？我立刻拿出我的书，翻到有我照片一页，递进窗口告知，我是作家，后面的理由还没有出口，他已经笑逐颜开，他翻阅我的书，问我这本书讲什么故事，然后要求我在书上签名把这本书送给他。当然，送一本书算什么，虽然听起来好像不太对，移民官可以随便问人索要东西吗？也许书是例外？总之，因为知道我是作家，他再没啰嗦让我进关，这便是我遇到的有惊无险的一幕。

17

当中国胃遇上美国餐

有孩子已上大学的华人家长告诉我，为方便和健康，一定要让孩子学吃西式食物，意式面、生菜沙拉，尤其是三明治，做起来多简单哪，两片面包夹些熟肉、番茄、黄瓜和奶酪，营养够了，又不费时间。不仅母亲轻松许多，也可以让孩子更快脱离母亲的照顾。

我很同意这位家长的观点，选择食物，也是选择一种生活方式。美式食物的方便简单，节省了母亲的厨房时间，我更希望把时间交给写作而不是家务，自从来到美国，一切亲力亲为，然而，我的选择简易生活的本能，使我仍然保住了写作时间。

事实上，最重要的是生活方式的改变，这直接影响你对异国文化的认同，让孩子学会吃美式食物，不仅减少母亲的家务，也是跨越文化隔阂，既然你已经把他移植到异地土壤。

记得在参加国际作家写作计划期间，来自三十多个国家的作家一同外出旅行。那次到密苏里州的圣路易斯时已经是夜晚，住宿附近有一家美国酒吧也卖汉堡，作家们都饿了，不选择直接进了酒吧吃汉堡，只有我们几个东方人（中国、韩国和土耳其人）不想吃汉堡，试着去找东方餐馆。当然，这也跟我们住在爱城酒店近两个月有关，爱城是小城市，没有像样的中餐馆，这圣路易斯是密苏里州第一大城市，全美十大城市之一，应该有不少中餐馆，而且一定比我们这种小城的中餐馆正宗。

哪晓得兜了一大圈，却没有看到中国餐馆，这里马路宽阔，大片绿化，很少商铺和餐馆，原来，这里是上城，商业中心通常在下城，我们倒是看到有泰国餐馆和阿拉伯餐馆，但人家已经打烊，请求也没用，因为厨师回家了。兜了一个多小时，加上白天一直在旅途，此时已筋疲力尽，远远看到一家亮着灯的餐店，近前一看正是那家卖汉堡的酒吧，没有其他选择因为已经走不动路，我们进得店内，作家们还在，他们已经饱餐完在喝酒，见到我们哗哗大笑。

那晚，最愚蠢的选择不是回到酒吧，而是我们竟然同意让做美国餐的厨师为我们做东方米饭，好心的厨师从作家那里知道，我们迟迟不出现是在找东方米饭，便主动提出为我们做米饭。当时的我们简直求之不得。

然而，放到面前的，是一盘加了深色沙司和红色辣椒酱的米饭，也是我一辈子吃到的最难以下咽的米饭。那米饭看起来颜色很深，像放了酱油，其实是甜的，那酱油色其实是糖浆色，甜中带辣，就是不放盐，尽管饿极了，却也没法把这盘东西送进胃里。

我以后长住中西部才弄明白，在一个中餐馆少，即使有中餐馆却烹煮水准很低（通常是不懂烹调但敢于冒险的某省人开的店）的美国偏僻地区，还不如吃美式食物，至少，美国汉堡或三明治要美味得多。

关于如何选择餐馆，一位英国作家的经验是，如果在美国的任何一个陌生城市，对各类餐馆毫无所知时，就直接去意大利餐馆，无论比萨还是意大利面都不会太差，是可以保证质量的选择，而美国任何地方都不会没有意式餐馆。经过第一天的教训，后面几天，我们几位东方人完全放弃中餐，每一餐饭我们都跟着老练的英国作家，去找美味意大利餐。

早些年我在纽约时就发现，顿顿必须中餐的国人，比可以接受西餐的国人更难适应异地生活，他们心心念念想回中国吃家乡菜，我们那时开玩笑说，是中国胃而不是中国心让你想回中国。食物接受度在考量你的适应能力。有意思的是，在我自己有限的调查中看到，华人家庭中，妻子适应能力比丈夫强，共同的标志是，她们不排斥异地食物，吃不到中餐不会让她们沮丧，她们因此比丈夫更安心在异国他乡生活。

人的身体需求很具体，假如家乡食物决定了你人生的幸福指数，在国外生活便成了折磨。为了你的中国胃而选择海归，也是可以让我信服的真实本质的动力。

最近从电视上看到，有女明星在美国陪孩子读书，一日三餐都亲手做，早晨在家吃中国早餐，午餐带中国便当，夜晚的晚餐更是丰富，必须四菜一汤。因此，她一天的主要工作，竟是给孩子做三餐。在美国几年，我也有这样的朋友，说她每天大部分时间就花在给孩子做中餐上，学校的美式午餐是坚决不吃的。

我愿意为孩子花时间，可不愿意花这么多时间，虽然我也喜爱厨房，也擅长烹调，但我不愿意把自己的写作时间用来烹调。更重要的理由是，我希望孩子适应在地食物，让自己的胃接纳不同食物，也是学习和成长。

我有位亲戚从小学习法语，“文革”十年在家用法语翻译《红楼梦》，高考恢复直接考进大学的法语研究生班，出国大潮中，他的法语班同学无一留在中国，除了他。他哪里都不愿去，理由简单而可笑，他说他无法离开妈妈煮的那一小碗米饭和妈妈烹饪的宁波风味的菜肴，说什么妈妈做的饭菜，对于他就像空气和水一样重要。他承认，假如为了看世界而吃不到妈妈烹煮的食物，宁愿不看世界守在家。当时，我不敢问他这个问题，妈妈总是走在你前面，她要是不在了，你还活不活？因此，这也导致他的婚姻老大难，他四十多岁才结婚，因为那时，他母亲已经年老衰弱浑身病痛无法为他做饭菜。

这是个有点极端的个案，却预先给我敲了警钟。因此，儿子小时候无论去纽约小学还是新加坡小学，都没有给他带过午餐，现在读高中，更不会给他带餐了。虽然学校的午餐他不喜欢，放学回家已经饿空肚子，这时，给他任何食物，他都只能接受。于是，这一顿放学后的点心或者说简餐，是我改变儿子饮食习惯的好机会。我刻意做些他目前还吃不惯，但以后应该会经常吃的健康的美式食物。我为他准备的多是加了煮鸡蛋和牛油果的蔬菜沙拉，有时是三明治，他当然希望吃更合胃口的中国食物，那时我通常已经去了图书馆，他没有抱怨对象也无法靠自己改变现实，只能去吃不习惯吃的食物，将不习惯变成习惯。

美式食物中，牛奶冲泡的cereal是最健康方便的早餐食物。cereal是速泡谷类食物的统称，品种多达几十种，将cereal倒进碗里冲上冷牛奶就可吃，没有比这更节省时间的进食方式，在时间很紧的早晨，几分钟就可完成早餐，孩子以后进大学独立生活，无论住宿舍还是租房住，这cereal应该成为他经常性的早餐。

儿子不喜欢牛奶，也不喜欢cereal的甜味，然而当时他正着迷美剧Sanfeild（《宋飞传》），主人公Sanfeild经常捧着碗吃他的cereal，于是他爱屋及乌，也愿意尝试吃cereal，虽然不肯天天吃，但这就像去陌生地方给他认个路。后来他进大学，我去探望他，他会把cereal中他觉得好吃的牌子介绍给我，想来这美式速泡谷物已进入他的日常食谱。

几年前，我们这个小城几乎没有像样的中餐馆，有家比较受欢迎的中餐馆专做buffet（自助餐），中式自助餐价格低。其中一半是油炸食物，受一些低收入老外欢迎，且看他们的盘子里堆得满满的油炸鸡块，端着满盘油炸鸡块的食客也是个个肥胖。反而是华裔韩国人开的中式餐馆更像样一些，既有日式料理也有中式炒菜。我离开小城这些年，城里大学越来越多中国留学生到来，down town又开出几家中国餐馆，一些富二代学生便将这些餐馆当作食堂。

比起大都市，美国小城人家都很注重生活质量，星期天美国家庭喜欢上餐馆吃brunch（早午餐，早餐午餐放一起，从上午十点到午后三点），所以城市虽小餐馆不少。华人家庭受美国文化影响，这早午餐也常去西式餐厅吃，虽然，我们华人家庭主妇们，都是美味佳肴烹调好手。

我发现，越是懂得烹煮美食的华人女士们，自己出外用餐，一定很明智地选择西餐，要在中西部餐馆吃到美食，真的不如直接去吃美国餐馆或意大利、墨西哥等异域餐馆。

汉堡和比萨通常是快餐店食物，在快餐店用餐不用付小费。但城里却有专做汉堡的餐馆，和专做比萨的餐馆，进这类餐馆吃汉堡或者比萨就要付小费，但他们的汉堡和比萨非常美味，汉堡里的肉是新鲜牛肉而不是冰箱里出来的牛肉饼，因此，点汉堡像点牛排一样，顾客可以选择半熟、中熟或全熟，比萨餐馆更是人满为患。这类餐馆，反而是擅长煮美食的华人介绍给我。

中东人的餐馆看着简陋，廉价的地砖，光秃秃不铺餐桌布的小台子，像当年上海的点心店，但食物美味极了。只要是美食，儿子倒也没有非吃中餐不可。

陪儿子读高中那几年，家里的晚餐仍是中国餐。中国餐少不得煸炒，公寓厨房的电气灶上有装排气扇，却是与微波炉连为一体，因此排气力度差很多，厨房没有窗，公寓三间房的三扇窗朝一个方向，通风也差很多，厨房要是炒个菜，味道弥久不散，连衣服都会染上菜味，对此儿子有抱怨。

为了“去菜味”，我们一起上超市挑来空气芳香剂，但芳香剂气味太轻，难以覆盖热炒时浓郁的味道，于是我只有尽量不做炒菜，肉食多煮汤或炖或烤，蔬菜生拌或熟拌，这中国餐止在“去中国”，儿子抱怨家里的饭食怎么变得不好吃了。这样的结果,令他对中餐愈加不留恋。这,好像不是什么坏事。

后来，他上大学时，在网上看到加州一所大学有个美国女生嘲笑中国同学。他特地告诉我，中国同学衣服上的菜味是其中被诟病一项，虽然该女生受到中国学生围攻，并因此而离开那所大学，但衣服上有菜味无论如何不会令旁人愉快。

总之，不中不西的餐食也好，西式简餐也好，至少锻炼了儿子的食物接受度。他后来进大学住学生宿舍，而我回了上海，对于他顿顿吃学校餐厅的美式食物我曾有担忧，每次问他是否习惯，他都回答，还好，或者说，没有感觉。学校餐厅的食物绝对不会是美食，可也没有让他觉得不可接受。

有个学期，O 奔去三明治店打工，小时薪酬不高，但放工时老板会给打工的他们每人一块免费的三明治，他挺接受这样的交换，一块三明治要卖好几美元，如果他吃不来三明治，怎能接受这份工作？

大二以后，他自己租房住，偶尔也学着自己做餐，跟着网上食谱，做的也是西式食物，中餐太麻烦，公寓的厨房也不适合中餐的烹煮，至少在吃饭这件事上，儿子不会因为吃不到中国食物而烦恼。

只是，O 奔的问题还是动手能力不强，自己会做的饭食太少，因为不熟练而觉得费时间，仍然多去餐店或干脆叫外卖，在吃上可是花了不少钱。这正是我如今需要反省的。

高中最后一年的选修课，儿子曾经想选烹饪课，可我当时以中国家长的思路，不如说是中国式的价值观，觉得儿子应该把学分用来学所谓有用的数理化，或者英语，或者艺术，却没有意识到，烹饪之类的家务课，正是训练孩子家务技能的好机会。中国家长的我们，总是更关注孩子的成绩，而不是他的生活能力，因此高中几年，也没有像美国家长那样使劲把他推出去打工，之后才越来越明白，孩子打工挣钱的同时，更是在挣责任心挣独立生活能力，是比读书成绩更重要的一种学习。

因此，中国的教育，不仅是体制的问题，家长的观念也是问题。

18

清扫教堂的男孩

公寓的窗外是草坪，草坪外是马路，马路对面是一座路德教派的基督教堂。从我三楼的窗口望出去，只见马路上车流如织，每一秒在变化，又似乎毫无变化，让我视线常驻的是马路对面的教堂，或者说是教堂这座建筑物以及与之相连的停车场。我通过停车场的变化感受教堂的活动，星期天车子最满，早晨有两场 service（基督徒做礼拜，所以人们把星期天称为礼拜天），礼拜天的教堂除了做礼拜，还有为未成年人办的主日学校和成人的圣经讨论班，其他时段车子或多或少。

不得不说，近在咫尺的教堂，给予我不可或缺的安全感，虽然我不是教徒。

刚搬来这座中西部小城，街上无人行走的空寂令我无端地惊慌，随即想到，儿子三点半放学回家，没有朋友怎么办。

一位华人朋友带我走进了这间教堂，她认识教堂的副牧师，也许可以通过这位副牧师，看看教堂有没有为青少年组织的活动，让儿子参加，或者安排他做志愿者之类，总之，儿子可以通过这些途径交些朋友。

多年前就听说，中国留学生初来乍到美国，得到的指点是，寻求帮助可以进教堂！许多中国学生走进教堂先是为了获得帮助，之后也成了教徒去帮助别人。

宗教一直是我内心的山峰，我仰望却上不去。我希望自己不是为了功利进教堂，但生活总是让你变得现实。

走进教堂第一时间便迎面遇上副牧师莱克斯，莱克斯至少六十开外，脊背有些佝偻，说话微微喘息，但他面容慈祥目光慧黠，言语间能感受他对于东方人心态开放。莱克斯给了我一张教堂男孩活动的时间表，特别告诉我，他的儿子司考茨也在读高中，今年十七，年长O奔两岁，每星期二傍晚，司考茨会来打扫教堂，也许我可以在那天晚上，带儿子去教堂与司考茨会面，至少司考茨可以成为O奔校外第一个朋友，莱克斯和我都这样希望。

他们没有马上见面。

冬天提前开始，天空飘起了雪，夜晚的中西部平原狂风呼啸，但教堂大门口亮着灯，停车场渐次被车子填满。世界并不冷寂，心里的不安被驱散，我喜欢在冬天的夜晚透过公寓窗口，看教堂大门口亮起路灯，眼见一部部车子压着雪辙驶进停车场。

一个星期二晚上，儿子同意让我带他去教堂结识司考茨。站在我们面前的十七岁少年，看起来是个高大英俊青年，蓝眸金发，两颊淡淡的络腮胡更增添几分成熟。但他显得内向寡言，待他父亲给两个男孩做完介绍离开后，司考茨便又回到他的工作，闷头打扫空无一人的礼拜堂，于是O奔，这个除了参加过中国学校值日生大扫除外再无公益劳动经验的孩子，也上前去帮司考茨的忙。其实司考茨的打扫已到尾声，现在，他带着O奔一起把圣经书分放在每张椅子背后，我们家这位叛逆少年，在这一刻竟也变得恭敬安静。

之后，司考茨带着我和O奔，把整所教堂都参观了一遍，包括地下室的储藏间，这个过程令司考茨稍稍有了生气。当我看到教堂为幼儿准备的充满童趣的活动室而发出赞叹时，不苟言笑的男孩脸上绽出笑容，他嘴角两粒小酒窝溢出了十七岁的稚气。他告诉我他母亲也全职为教堂服务，这是他们全家人的教堂。看得出，这男孩很为他的教堂自豪，就像性情单纯的孩子带客人参观他为之骄傲的家，事实上，司考茨和父母日常生活的那个家在另一个城市，从他家到这个教堂车程三十分钟，在我们这个小town，算是相当遥远。

因此，每星期开车几十英里来教堂打扫，光这个行为就足以说明少年乐于奉献的品性，甚至他的沉默寡言在我眼里都像是优点，衬出他的宁静安稳的举止。从教堂出来，我对O奔说，我真希望你能和司考茨成为朋友！

可儿子说，我觉得司考茨不喜欢交朋友。

之后不久，儿子参加了学校篮球队，每天忙着训练，我也去大学修课，忙着借书看书，追赶各种阅读，一晃三个月未见教堂父子。

莱克斯邀请我五月去教堂，给中年人的圣经班做中国文化方面的演讲，他们是上班族，对东方有兴趣，可能以后会去旅行，甚至会考虑去中国做生意，莱克斯如是说。

于是我拿了视频材料去和莱克斯讨论，那是四月中的星期二，记得是星期二，是因为我在莱克斯办公室时，司考茨进来拿吸尘器，便想起星期二傍晚是他打扫教堂的时间。

“Such a nice boy！”我由衷赞叹司考茨，与他寒暄时觉得他似乎……似乎更沉默了，我说，何时来我家里玩？我指指教堂对面，心里后悔自己没有push（推动）儿子与司考茨继续来往，我再一次产生让他们成为朋友的愿望。

那天的司考茨虽然几乎不说话，但告别时，他突然伸出手与我相握，看着他离去的背影，他父亲还开着玩笑，婉转地道着歉，说这些teenage，说话愣愣的，粗声粗气，像头动物……

我的情绪却被突然涌起的怅惘笼罩，在司考茨拿吸尘器的瞬间，眼前浮现他孤独清扫教堂的情景。

四月底我要去加拿大参加作家节，有两场演讲。我打电话给莱克斯，想暂时拿回留在他办公室的视频材料，却被告知莱克斯最近不能来教堂，因为他家发生emergency（紧急事件），不知为何我第一秒钟想到的是司考茨，立刻心跳加速，却也实在想象不出会发生什么事。

从加拿大回来，收到莱克斯的e-mail，说因为家里发生事，五月去教堂演讲的事要耽搁一阵，我即去信问到底发生什么，需要帮什么忙，但莱克斯没有回答我。

教堂就在对面，我应该去探访他一下，然而，这位仁慈的老人少见的沉默，让我不想贸然见他。

生活里的各种麻烦和琐事很快就吸去我的注意力，然后又有水灾降临我们小城和整个州，隔壁城市已成水城，并发生缺水恐慌，人们都上超市买水，我也去了。我在超市遇见简妮，她是个淳朴的年轻女生，我们在对面教堂曾经相遇，她丈夫热爱写作，因此她也对作家的我感兴趣，我们之间有过几次交谈。

我向简打听莱克斯，他家的 emergency 是否已过去，简吃惊地问我，你还不知道他家发生的事吗？他的儿子自杀，死了！我的脑子乱了，连司考茨的名字都想不起来，只是问，是那个清扫教堂的男孩？简一愣，似乎没听懂我的话，情急中我又问，莱克斯有几个儿子？只有一个，简回答我。

我抓住简的手臂问，为什么？为什么教堂不能救他？这句话才问出口我已泪流满面，见我流泪简也哭了，我们面对面在淹水期间拥挤的超市为司考茨哭泣。

那晚，我完全失眠，我为莱克斯心痛，一个脊背已经佝偻说话喘息的老人，如何面对失去独子的世界？但无论如何，他有教堂，可是为何教堂没有留住司考茨？

莱克斯告诉我，司考茨患上忧郁症一年半了。我暗暗计算，这一年半里，他星期二晚上打扫教堂，星期三晚上参加唱诗班排练，星期六和星期天教堂都有活动，也就是说，他的业余时间一大半给了教堂，可他的忧郁症并未在频繁的教堂活动中缓解，甚至加重了，他父亲说他服药量在增加。

我才知，司考茨割腕自杀那天，距离我最后一次见他才一星期，我不断回想那天与他见面的每一秒钟，我在想，他突然伸出手与我相握那一刻，是否已经在和我做告别？

他的弃世让我难以释怀。

我不能询问莱克斯，我只能去和我的朋友讨论。这跟教堂无关，我的朋友告诉我，虽然他不是任何教的教徒，但对这件事的看法倒也客观，非教徒会生忧郁症，教徒也会生忧郁症，是 chemistry（化学作用）的问题，他说。

对于我，世界的色彩已发生变化，眼前这座曾给我温暖和安全感的教堂，如今变得这般阴郁。

我惦记莱克斯。有个傍晚，我去探望他，教堂大门紧闭，且上了锁。这天恰恰是星期二，以前这个时段司考茨独自在清扫教堂，同时，他的父亲作为副牧师，和牧师以及其他教堂服务者，聚合在教堂阅览室开会，更晚的时候，教堂有其他活动，因此，星期二从傍晚起，教堂停车场会停越来越多的车子，其中有一部是司考茨的。

这紧闭的教堂大门令我情绪沉到冰点，虽然是个七月流火的日子，但傍晚六点的阳光仍然灼皮肤，刺眼的光线下，停车场空旷得令人心慌。想着在寒流袭来的初冬夜晚，我能看到教堂大门口明亮的灯光，一辆辆车压着雪辙驶进停车场时心里涌起的温暖和安心，那种感觉竟恍若隔世。

每逢星期二夜晚，我总是忍不住朝教堂看去，停车场空无一车，因为司考茨的离去教堂关闭了那晚的活动？

我甚至都没有勇气再去探望莱克斯。关于司考茨的话题成了我去见他的障碍，到底是提这个话题还是将它藏在心里再不要提起？而我最渴望的是，拨开司考茨之死的迷雾。

我没有把这个消息告诉我儿子，尽管他和司考茨只相处了一个晚上的一个片刻，但司考茨独个儿打扫教堂的身影却给我儿子留下深刻的印象，他曾经用带几分敬意的口吻提起这个名字，我也曾经用他的行为来教育我的儿子。

我想起去年圣诞节前雪最厚的日子，儿子班里有女同学自杀，那时O奔刚进美国高中不久，和该女生还没有机会相处，但他仍然受到刺激，一直难忘这件事，他问我，这个地方这么美这里的人生活都很舒适，她为什么要去死？我们中国有很多穷人，生活很苦，他们怎么不去自杀？当时觉得他问了一个深刻的社会心理问题，与他做过讨论。但似乎并没有让儿子释然，他仍然会突然提起女生的自杀行为。

我必须做好与儿子讨论司考茨的死的准备，才能把这个消息告诉他。然而，这个所谓“准备”其实是回避。我一直没有告诉儿子，这种坏消息堆积在孩子心里，会是一种伤害吧？

有一天，莱克斯写来e-mail问候我和儿子，希望我有空去教堂坐坐。已经是秋天了，我和莱克斯坐在教堂外宽阔的草坪旁的木头长条椅上，晚风拂着胳膊已有凉意，莱克斯告诉我他在写书，我没问莱克斯书写的内容，我的玻璃心让我害怕他会打开关于司考茨的话匣子。

莱克斯问起O奔的近况，我有意无意强调儿子给我制造的各种麻烦，莱克斯说，这些麻烦背后是幸福，因为你拥有你的孩子。他微笑着，眼睛里却满溢悲哀。

19

学车记

冬天严酷漫长，春天突然到来，温度上升得很快，仿佛一夜之间，大自然突然苏醒，满街的树郁郁葱葱，到处都是盛开的花儿，草坪鲜绿欲滴铺展在房前屋后，到处是美景，你好像生活在景区里。

这里的居民说，春天只有两分钟。真是如此，堆积了五个月的雪才化尽，便有了初夏气息，阳光灼人，风有些黏腻，这时候在馨香的天空下漫步，想到冬天，简直不堪回首，想到每天早晨在窗前看着儿子走上寒冷的街时，心里的舍不得，决心要考驾照买车，尽管我认为我们只是暂时住这里，而且对开车这件事，内心一直很排斥。

这里考驾照，要先通过笔试，之后会得到一张称为 permit（准许证）的准驾照，有了这张证，你可以开车了，但车内必须有持正式驾照的人陪伴。这样，你可以不用进驾校，只要有车有人陪你练，便可以拿着 permit 去参加路考。

我又获知，这里考驾照，不是考你驾驶技术而是看你是否熟知并遵守交通规则。一些国内已持有驾照开了几年车的人，到这里考驾照竟未通过，原因就是路考时犯了这里的交通规则，或者不够标准的驾车习惯，对于考官，你必须遵守路规到丝毫不能有差池。这个，到我自己参加路考后，才会真正明白。

学车和考驾照，对于我是一段忘记不了的经历。

一旦下了学开车的决心，第一件事便是去考笔试，有了第一张准驾照，才能摸方向盘。

那本笔试必读的册子，我已在冬天夜晚断断续续读了一遍。但册子好几十页，哪里记得全，一些专用术语需用中文注释才能明白，好在册子的每一章节后有模拟考试题。天一暖，我加快步伐把册子里的模拟题都做了一遍，便去考试了。

在美国，驾照相当于身份证，旅行或申请其他各种卡，有驾照方便许多，我那些在纽约不开车的朋友，也有驾照。第一次来美国是访问纽约，曾有住在美国多年的台湾人劝我们立刻去考个驾照，说如果以后在美国买车，保险费可以低很多。我和丈夫当时并没有未来计划，所以也没有把他的话放心上，等我买车上保险时才明白，驾龄时间越短保险越贵，而考量你驾龄的就是拿驾照的时间。

按照美国法律，发放驾照属于州政府权力范围，办公室在政府楼里。申请驾照的办公室总是人满为患。笔试之前要填表回答一些问题。有一题问是否愿意捐献器官（假如车祸突然死亡），愿意与否将在驾驶证上显现，猛一看这样的题目有点心惊肉跳，在中国时我们几乎不谈论这类问题。

拿了号码坐在等候区，很快被唤到柜台前，工作人员是个年轻的黑人女子，问我是用电脑考还是纸笔考，我要纸笔，她说声 good luck（祝好运），便让我坐到柜台旁一角，那里有几张面壁的桌子供笔试者用。

此时，只有我一人，完全没有考试气氛，但我有考试恐惧症，一看考题与模拟题有区别，就慌张了，其实有些问题只是换了描述方式，但发生了语言问题，我理解反了或者不理解。写完考卷还回去，黑人女子当场给我批分，考分没有通过，她说差一点点，她把错题的正确答案给我看，要我记住，让我第二天再去考，这倒是非常给力的帮助。

第二天去考，考卷竟然相同，真让我难以置信，这考卷几分钟就完成，看过正确答案哪里还会错？这天的工作人员是个白人女生，她给我批分时居然还惊叹我一百分的好成绩，我告诉她昨天刚来考过，她说她知道，表格上有显示。所以，她只是说客气话而已。

笔试通过后，立刻付钱拍照准备拿“准驾照”，这些都在同一间办公室完成。但证件要制作，一两个星期后才寄到，他们先给了我一张电脑当场印出的“草证”。

拿了这张“草证”我就可以练习驾车了。我没有车，要练车先要买车。我对买车心里完全没有谱。远在上海的丈夫根本难以想象我能学会开车，学会了也不能上路，太危险了。他也难以想象我如何靠自己买一部二手车。我对车毫无所知，买二手车不是明摆着去受骗吗？他劝我放弃。如果孩子冬天无法走路上学，不如回上海。

开车当然不仅仅解决孩子冬天上学的问题，也意味着这两年我能否过正常生活。虽然附近有可以步行去的超市和咖啡馆，但腿能到达的地方太有限，受限的人生太郁闷。虽然即便有了车我也未必有胆量上公路旅行，但获得自由的感觉太不同了。

我不可能放弃，我已经拿到第一份许可证，感觉离驾车上路已经很接近，尽管我心里对开车充满恐惧。无论如何，先买部低价位的二手车再说。这种事说难并不难，一旦操作起来，不同的路径便在眼前。城里和外城有不少车行，美国最不缺的就是二手车，也可以去网上搜寻。

可是说到买车，便有同胞给我警告，他们说美国人做生意一般不会骗人，除了买卖旧车的dealer（经销商），也就是，美国生意界最不可信任的便是这批dealer。

感觉上我马上要和一群骗子打交道了。

然而，当我真的进入买车的程序，才发现事情并没有想象的那么糟。车子有市场价格，关于车子损耗度，通过年份、英里数和外观便能了解大概，车子遇到车祸是硬伤，通常都会有记录，除非向保险公司隐瞒。

现在我要先确定买什么牌子的车，在车行发现美国二手福特车又多又便宜。有位关系特好的朋友告诉我，福特引擎好，车身结实，但小地方容易出毛病，一些小毛病换了男人自己会修，女人不懂机修，送修车行开销太大，朋友认为丰田凯美瑞这款比较合适我，凯美瑞质量可靠，很少发生各种小毛病，可以开到三十多万英里，且不费油，我一向信服这位朋友丰富的美国生活常识，打定主意只买凯美瑞。

我在各车行转悠，二手凯美瑞很少见，即使有也已经跑了十几万英里，被经销商油漆后价钱比福特高两倍，可见是一款受欢迎的旧车，或者说凯美瑞好用到车主不会轻易卖掉。

我花了两个多月找车，后来在网上发现邻城有家号称是老年人合伙开的小车行，信用可靠利润低，那里有一款凯美瑞，英里数不高，很合我意，立刻成交。

果然，在我用这部车的三年里，凯美瑞从不给我添麻烦，留给儿子读大学用便开始出问题，其实也是小问题，比如自动锁弄坏无法关警报器或者电池没电发动不起来，诸如此类非车子质量的小问题。所以美国人认为两样东西不能借，老婆和车子。

买车同时，我开始联系驾驶学校，尽管考驾照对十八岁后的成年人没有必须进驾校的要求，许多中国学生来这里学车也都是跟着同学或自己的家人学。我完全不懂车而且怕车，在最初阶段让朋友带车太危险，决定先进驾校学一阵。

我翻开电话黄页簿，给有限的几所驾校打电话，这里的驾校很少有成年人参加，因此，如果成人学驾车，是以小时收费。当时问来的价格是，小时价格为现金三十五美元，支票四十五美元，原因是收支票对方要缴税。我通过电话和一所驾校联系上，并订好了练车日程。

其实所谓驾校只有一个教练，联系到的这位驾校教练奇胖无比，如此大的身坯占据了驾座旁边的空间，坐进他的车厢呼吸都有点不畅。这位胖教练好像不舍得把他的车给我开，竟自己开车让我坐副驾座，在路上一边兜圈子一边跟我啰唆开车规则，我忍了好久才向他质疑说，交通规则不都已经通过笔试了吗？我现在是来练车而不是学习我已掌握到的规则。他勉强让我坐上驾驶座，刚开了一小圈第一小时便结束了。

我把胖教练炒了。再找教练并不容易，黄页簿上的电话常无人接，仔细检索发现附近一带驾校教练寥寥无几，其中一个还是胖教练的儿子。把没人接的电话再耐心拨了几圈，终于找到一位叫福瑞德的教练，福瑞德其人电话里听起来比较开明容易沟通，从声音里可辨别此人绝不是大块头。真奇怪，我已经可以从声音辨别对方是否体重严重超标。

我在电话里预先和未谋面教练讲定，必须从第一分钟开始就让我练车，他说这是理所当然的。但一问价格，竟是四十五美元一小时，现金和支票都一样，且每节课后结算。我与他讨价还价了一番，他似乎同意打折。

果然，此教练瘦高个子，五十多岁，光是外表便让我松了一口气。在美国中西部，男人到了这把年纪仍能保持“瘦”，不挺出肚腩，是罕见的“自律”。上路后，福瑞德也能按我要求，一不多话，二重点清晰，且此人颇有绅士风度，看我握着方向盘神情紧张，给我一颗薄荷糖让我放松，间中，要为我买咖啡让我休息片刻。知道我从中国搬来不久，便告诉我哪里有值得一去的游玩处，也许可以带我去。对我的作家身份，更是表示惊奇和佩服，并希望能读到英语片段，总之相处融洽。

我正窃喜教练换得满意，不料结账时他仍要我付四十五美元，之前在电话里不是同意我减价的要求吗？他说他附带了自带汽油的条件。真的吗？我居然没有听清有这么个条件，于是我们两人坐在汽车里又讨价还价了一番，他说要去问他的老板，我问“问老板”是否是个遁词，你不就是你自己的老板？他大笑承认的确没有什么老板，我们互相称赞对方脑子好用。这时候你以为再谈减价可以容易些，才不，福瑞德仍坚持减价需自带汽油的条件，或者给他带份午餐，我哪里会自找麻烦去买什么汽油或带什么午餐，最后仍是一分不少地付了费。

考虑到学车效率，我给昂贵的福瑞德打电话要求继续学车，他连连喊着 wonderful（好极了）。再见面已经像朋友，教练的车里现在多了一张中国地图，并问我 Tibet（西藏）中文怎么发音，学费仍没有减价，不过教练邀请我去听他的驾驶课，不另外收费，并接送我上课。

后来儿子学车仍是去福瑞德的驾校报名，州里的法律规定，十八岁之前的青少年必须通过参加驾校拿驾照，驾校费用三百多美元。在驾校，需要听满十几小时的交通规则课，课程纪律严格，不能缺席，设有考勤检查，每节课有测验。这些课除了学规则，大量时间用来看 VCR（视频、录像），那是违反不同交通规则的事故现场录像，以及专门制作的动画片。想来唯有血腥的事故图像才能让孩子们印象深刻，明白不遵守交通规则的可怕后果。

学员们真正上路练车才七小时，很多孩子之前已经跟着父母练过，上车就能开，事实上，即使没有摸过车，对于年轻人，驾车就像玩玩具，仿佛一上车就会开。但经过驾校的训练和教育，学员们能获得良好的驾车习惯，这便是美国父母把从小就已经学会开车的孩子送进驾校的初衷。

驾校结业有证书，结业那天有交通警察来参加，给一些告诫，并抽查一两个学员进行路考，学员们拿了驾校毕业证书直接去换驾驶证。

我才明白，附近零星几所驾校其实是为这些未成年人设立。我们这个州，孩子十六岁就可以开始申请驾照，但驾车时间和路线有严格规定，只能在上下课时间，在家和学校之间的路上行驶，车上不能载人，是个需要家长监护的过程。满十八岁不限制路线，但夜晚十二点以后不能驾车外出。但是，孩子在农场开农业机械车，十四岁就可以申请特殊驾照。

我跟着福瑞德学了六小时，不过是上路摸了方向盘而已，还没有找到开车的感觉，练车过程中福瑞德讲到的有些要领，我也未必完全记住，之后，还是要靠朋友陪着练车。

我后来每次开车都会想到最初陪我练车的朋友。朋友陪练完全不同于教练陪练，教练车有两套刹车，在安全上他有主动权，朋友陪练无法控制刹车，全看这个还处在战战兢兢状态的人有多少理智，真是风险冒大了。我相信，像我这么害怕开车的人，是在小概率里。

有一天终于出事了。我把车开进停车场，欲停进两部车中间，拐弯进去时，方向盘转得太用力，车子被锁住不动了，脚使劲踩油门，当方向盘稍稍转回来时，车子立刻冲出去，车头撞到旁边停着的奥迪车的车门，车门被撞凹。所幸有陪我练车的朋友，立刻联络我的保险公司，后面所有的事就由保险公司处理了。

这部奥迪车的车主是我同一栋公寓二楼的韩国女生，她在发廊工作，人很 nice，没有一点责怪，好好一部车被换了车门，修车期间还不能用车，各种不方便。可每次看到我，她都会笑着告诉我车子修理的进度，她说她很满意保险公司答应把整扇门换了而不是修这扇门，可我却很想知道，别人是怎么心无内疚面对被自己撞坏车的车主。

撞车是在停车场，没有惊动警察，我当时的保险费没有涨太多，后来去纽约换保险公司，本来就昂贵的纽约保险费，更是因为这个记录，将保险费提高了近一倍。五年后，这个记录才被保险公司忽略，也就是，我的保险费五年后才降下来。

撞车给我留下了阴影，后来进停车场，我都会把车停在远处无车和我挤的地方，宁愿多走路也不要把车挤到靠近进门处的车堆里，无论多着急，也不在车里着急，就像朋友说的，后面的车按多响的喇叭，你也不能急，哪怕他下车到你车前敲车窗。当然，这样的事不可能发生在我们这个温良恭俭让的小城。

20

行行复行行，终于拿到驾照

事实上，我考了六次才拿到驾照，这间驾照办公室所有的考官我都遇上了，我还以为这辈子都考不到驾照了。

其实，第一次遇到的考官最年轻也最宽松，我没有通过的原因是，在有 stop sign（停车标示牌）的路口，车停下时车头超出了标示牌。其实教练倒是专门叮嘱过，在有 stop sign 的路口，车停下来时车头不能越过标示牌，即使街两边没有一辆车，也必须刹车而不是减慢速度，他尤其强调 completely（完完全全地）把刹车踩到底。可我当时的状况是路口街面是上坡，我看不到左面来的车辆，所以才把车开到路的口子上，以致车头越过了标示牌。我后来请教才知，这种状况要停车两次，先在标示牌之前停，之后慢慢开过标示牌，在路口再停一次，先左后右看两边车辆，转头次序不规范也会被判不及格，立刻把你 fail 掉。

小城住宅区路窄，车流量小，十字路口常常不设交通灯，四个路口都放 stop sigh 的停车牌，下面有 four ways 的标示，提示四个路口都需停车。其规则已通过这个标示告知，到这样的路口，需看另三个路口是否有车，按先来后到顺序，让先你到达路口的车子先走。因此看到这样的标示，你要立刻看另三个路口，数一下有几个路口已有车先你到达，直等这些车开走，你才能前行。

停车牌前是否停车，不仅考试严格，平时警察也管得紧。儿子有次半夜开车，见路上空空无车，到停车牌前没有把刹车踩到底，只是放慢速度稍稍停了一下，便被在暗角的警察看到，罚了一百多美元，从此再也不敢不刹车。我自己开车从不敢犯规，也注意到，无论夜多深路多静，其他车子经过停车牌都会停。

第一次考试没有过，这位考官让我次日再去考，我还挺轻松，以为自己注意这点便没问题。那天黄昏回家遇到邻居乔伊斯，她问起我练车情形，我告诉她我差一点过关，明天再去考一次。但乔伊斯不以为然，说考试太顺利未必是好事。她说得没错，后来，我们俩共同认识的一个留学生，路考遇到这位年轻考官，考试一次过，拿到驾照上路便犯规，罚了两百多美元。

乔伊斯说她丈夫经常教中国留学生开车，我何不请他带我练车，不如把车练熟了再去考。我答应了，但次日考试我还是不想放弃，抱着侥幸心理：说不定就过关了呢？

哪想第二天的考官换了人，是个矮胖、下巴肉叠了几叠的中年汉子，这一款形象仿佛中西部特产，连声音都彼此相似，他就是小一号的第一任车教练。他煞有介事地背了一通考试规则，我立刻泄气，预感今天过不了关。

果然，他告知考试内容时，竟然有考平行泊车这一项。这正是我的软肋，虽然练过，但很难做到标准，再说我得知的信息是，在中西部路考通常不考这一项，这里不是大城市，很少遇到需要平行泊车的状况，另一方面，这地方没有车无法正常生活，考官一般不会出难题为难你。

这天不但没有过关，而且考官认为我离过关考还远，让我回去多练车，两星期以后再来。

于是我开始犹豫，是否去找乔伊斯的丈夫本练车？

其实当初去认识乔伊斯夫妇正是为了练车。早在一个月前便有儿子同校的中国同学家长告诉我，有一对美国夫妇住在我们公寓后面的 house，他们每个周末去中国教堂讲解圣经。丈夫叫本，是位传教士，二十世纪七十年代带着妻子乔伊斯和四个儿子去新加坡传教，一住十七年，对东方人有感情，常帮助中国学生，本是中国学生的免费驾车教练。这位基督徒中国家长约我周末去中国教堂，她要为我介绍这对夫妇。

那天本感冒没来教堂，我见到了乔伊斯，她六十多岁年纪，化了淡妆，玫红唇膏衬她的白肤色灰褐色卷发，粉红秋绿花衬衣亮眼，像老派的欧洲女子，看起来精神气质比她的年龄年轻许多，我们后来成了忘年交。

但那晚在中国教堂却遇尴尬，在和乔伊斯寒暄交换联系电话时，那边就有主持人在讲话，说欢迎新朋友加入教会，见所有的目光都射向我，才知这新朋友就是我。众人鼓掌让我介绍自己，我不得不告诉他们，我今天是来见朋友而不是参加教会。

之后一段日子，我没有和乔伊斯联系，教堂那一刻的拒绝令我觉得再见到乔伊斯会不自在，却在七月四日前夕接到她的电话，她邀请我在美国国庆那天参加她家派对。

乔伊斯的 house 与我的公寓楼几步之遥，那天派对上三分之二的客人是中国留学生和访问学者，美国客人则是这对夫妇的教友。派对人太多，我几乎没有机会与主人夫妇聊天，但建立了来往通道，有仁慈的基督徒做近邻，心里很有安全感。练车这件事反而没有那么急迫了。

在等待第三次考试的那两个星期，各种事打岔，我没有去找乔伊斯和本，其实开口请刚认识的美国人陪练心里还是有点障碍。然而第三次路考，遇到女考官，一位墨西哥裔白人，面相不那么和善，陪我去的朋友说，此人是考官头儿，严厉且似乎不那么喜欢中国人。

这天是节假日的前一天，办公室坐满来考车或换驾照的人，轮到我时已接近下班，原先安静的露天停车场，突然热闹起来，人来车往，让人慌乱，我与考官坐进车里，她指着右面出口要我走与平时迥异的路，我应该打右方向灯再倒车，却在慌乱中习惯性地打了左方向灯，她当即结束考试，还说了句："咱还是过个平安的假日吧！"

我连油门都未踩就被 fail（不及格）了。

我回家后立刻联系我的邻居，本次日带我练车。跟着本我才算非常结实地练了几回车。本直接带我上高速公路练车，而且来来回回进出高速公路多次，对于驾车生手，从 local（本地的）车道斜穿插入高速公路，是一道心理难关。当一部部飞车从我将要进入的车道驶过，插入车流时仿佛危在旦夕，我总是紧张得直冒冷汗，本在一边慢悠悠提醒道：“Speed up, speed up（加快速度）.”这声调不变的“speed up”镇静了我快错乱的神经。

经过高速公路的磨练，回到local车道，陡然轻松，坐进车子，不再有条件反射般的恐惧。

本比驾校教练更有资格当教练，他细致且有重点。在教我change line（换车道）时，一定要我做到五个动作，尤其是最后的动作——回头看肩后的窗外是否有车，对于打算换车道的驾车人，这是个盲点，假如旁边的车从后面到达这个点，也就是邻车的前半车身与我的车的后半车身并排，无论从后视镜还是旁视镜中都无法看到，这也是最容易出车祸的一刻。为了让我理解，本特地站到车外的盲点，让我试着从后视镜和旁视镜去看他，果然什么都看不到，这样的直观教育，给我深刻的视觉印象。可我听说，中国的驾照考试是不考这一规则的，有人指出，这是中国车祸多的原因之一。

跟着本练了两天车，我忍不住又去考了一次，抱着不考白不考的心理，当然是瞒着本，于是我就把这栋楼所有路考考官都经历了一番。

这第四次遇上的考官是位好看的年轻女生，有着甜美笑容。对比其他考官个个板着脸，这位年轻女考官的笑容更像阳光了，让我走进这间政府大楼时黯淡的心情亮了一亮。

然而，这一次犯的错更离谱。在将要驶上一条有着宽阔隔离带的大马路时，十字路口是条上坡道，太阳当头照花眼，我把隔离带看成马路对面的人行道，于是左转弯时差一点驶到隔离带的这一边，也就是反方向的这条道，后来才知，这条上坡道让很多人考车时“吃药”（上海话“上当”的意思）。我实在应该在路考时车子必然要经过的那几条路上多行驶几次，熟悉路况。

连这样的准备都没有，可见这一次次失败也是有因可循的。

无论如何，在一位好说话的考官那里失手，几乎令我崩溃。她倒是安慰了我一番，认为不过是多练几次车的问题。

这时，我在练车的事传到一位台湾牧师太太的耳朵里，她电话我说要来陪我练车。她告诉我，她刚经历了路考，原来，她是为了接送残疾人，要考开交通车的驾照，这张属于职业性驾照不但没有拿到，竟把她拥有二十年的个人驾照也一起没收。牧师太太考了三次才拿回她自己的驾照，对于我屡考不过的遭遇十分同情，所以主动提出陪我练车。

我不是教徒，但我应该心存感恩，因为在我练车后期，可以说是被基督徒的仁慈关照着。

这位与我从无照面的牧师太太，开着车来到我家楼下。她个子瘦小性情开朗很有亲和力，我们的车子上路时她会做祷告，但并没有抓紧机会向我传教。

有一天，我和牧师太太驾车经过考驾照的政府楼，牧师太太鼓励我再考一次。这次的考官也是个墨西哥裔白人女生，比她的同乡头儿年轻，但脸板得比她的头儿还紧，她头发剪得很短，走路姿态像男人，标准女汉子。

这一次，仍是在那条可称为“失败之路”上失手，错在左拐弯时没有及时停车避让对面过来的直行车辆。考官当即尖叫着要我停车，气愤得让我停考一个月。

为考官想想，他们也很不易，陪着生手上路，任何状况都可能发生，心里累积了多少压力，如何能让他们心平气和和颜悦色？我正是在这次考官的过度反应中感受到他们工作的风险。

这第五次失败已让我麻木，认为自己可能一辈子都考不到驾照了。期间我回上海去主持我们的独立艺术节，也让我饱受惊吓的玻璃心得到了修复。

回到美国已经十月中旬，第一场雪将在十一月飘落，之后就是漫长的严冬，如果不想让儿子在厚雪和寒冷中步行上学，无论如何也得把驾照考出来，我又一次在心里下定决心，虽然我恨不得把车子卖了。

我不敢再存侥幸，轮流跟着本和牧师太太勤练车一星期。这第六次考驾照，我请本陪我去。我们坐进车子上路前，传教士的本为我祷告，我对于本的祷告特别有信心，相信这是个吉祥的开端。

这天，路考的人奇多，考官又是那个严肃乖戾我还未踩油门就把我 fail 的头儿，我担心起来，焦躁得坐立不宁。本坐在我边上在看圣经，他劝我祷告而不是干着急，要我相信祷告的力量。虽然我自己也带着书，焦虑中又怎么看得进？这一刻能做的就只有祷告了，我也真的在心里祷告，祈祷上帝助我。

在快要轮到我时，奇迹出现了，这位冷面考官竟有事离开，换上那位为人和善笑容甜美的年轻女生，仿佛乌云驱散，我预感自己会成功。

我过关了。

年轻女考官很记得我，她说，你的过关不是偶然的，你的车技比上次进步很多很多。我指着坐在等候区的本告诉她，是这位仁慈的美国朋友陪我练车，他为我今天的路考做了祈祷。于是她隔着柜台与本挥手打招呼,并向他表示感谢。

六次考试，直到考到驾照，才需付四十美元，这四十美元包含拍照制作驾照，我当场得到一张电脑印刷的驾照“草证”，一星期后正式驾照寄往我住处。

如此低廉的考试费用让纽约朋友感叹，在纽约，一次路考需付一百美元，不管有没有考出。纽约是大都市，公共交通发达，自驾车所付代价当然远高于必须以车代步的地区。

21

儿子竟爱上中文写作

文字和语言世界被外族语言包围的时候，孩子突然紧紧抓住母语不放，每天回到家便扑向电脑，唯有通过电脑上网才阅读到中文。渐渐地，在网上读中文不过瘾，便开始在网上写中文文章。也不知他何时起在电脑上已把中文打字练得飞快，在中国时曾想让他报名学校的课后电脑中文打字班，但那时功课太多，腾不出时间，根本没有机会摸电脑键盘。

就像许多中国学生，O奔在初中时也不喜欢写作文，现在却大写特写。其中一个重要原因，自从来到美国读高中，一下子从过量的家庭作业里解放出来，有了大把业余时间。我有一种略带荒谬的感觉，好像他的中文是在美国上了两个层次。

小学时孩子的作文还生动，到了初中却每况愈下，越写越烂，看得我生气又痛心，那种八股文般的教条，内容空洞陈词滥调，都是些东拼西凑的大道理。他不喜欢语文课，语文课本里的内容是有问题，但也有值得一读再读的古代名篇，问题是没有足够时间去慢慢品味咀嚼，没有让孩子对学习本身产生兴趣，每天回家各种作业之后还需背课文默生词，不仅是我家的孩子，打听一下，语文课竟让不少孩子厌烦。

而现在，儿子必须花时间学习英文的时候，反而见缝插针地把时间花在阅读和书写中文上，我既忧又喜，仿佛用功用错了地方，在应该学英语的时候却在读写中文，且无师自通中文字打得飞快。可又想，学好母语本来就是最应该的事。

孩子积极读写中文的根本原因，是被第二语言包围所致。毕竟掌握一门新语言的过程很艰辛，陌生感带来的排斥，同时语言的障碍令他无法流畅沟通而带来的郁闷，这成了孩子逃向母文化的动力。

仔细一想，我的忧虑无非是孩子对中文的热忱与功利的目标不一致而已，然而，无论何种动力，他在用自己的方式读书，也是在用这种方式舒解内心的压力，于是便有了在异国他乡眼看离他远去的母语，要去尽力抓住的热情，这是学校语文课无法给予的热情。

有一天儿子忘记关网页，我得以有机会看到他的网名，且不说这网名有多奇特，我用他的网名看到他写的文章，那是一篇关于中国几个著名摇滚乐团的评论长文，文字老辣犀利，有些段落熠熠生辉。我当时甚至有这样的感觉，假如儿子在美国高中读得不顺利而中途回国，至少他有在中国收获不到的中文水准，听起来有点荒谬不是吗？然而，这是事实，他的中文写作，竟是在美国的大半年里突飞猛进。

我时常回想儿子学语文的过程，想当年记住汉字的书写笔画对于还是小学生的他就是一大难关，尤其是在孩子去纽约半年再回中国之后，汉字的结构一片混乱。左右偏旁写反了，左偏旁变成了右偏旁，比如“须”字，他把那三撇放到“页”的右面，更离谱的是，常常把左右偏旁写成上下偏旁，比如“叙”字,他会把“余”字旁写到“又”的上面,颜字的左偏旁“彦”写到“页”的上边去了。因此，回中国后新学年的默字本上，方块汉字怎么变成竖起来的长条状，让人又急又好笑。

当时 O 奔就读的逸夫小学，是一所教育理念相对前卫的学校，校长力图创造一个宽松愉快的教育环境，老师对学生鼓励为主。因此，孩子从纽约玩耍一样的小学回到母校，虽需要重新适应，但也没有太大压力，他的小学作文也有相对的自由度，虽然稚嫩却生动有趣，有一篇写他一年级的憋尿过程，细节有画面感，由他天真的语气叙述，既可笑又传神，儿子小学的那些作文我都保留了。

五年级面临升初中，虽然教育部不设入学考，但稍好的中学都有入学测验，也就是变相的入学考试。大环境使然，小学校长也有升学压力，儿子小学最后一年的语文老师是从外校调来，据说教出的学生升学率高，是受体制欢迎的老师，当然，她也将传统的教学风格带了来。

那个夏天正举行世界杯，孩子暑假的六篇周记写了六个他喜爱和让他有看法的足球运动员，篇篇生动，受到我们的赞赏。然而新老师家访时却批评他这几篇周记无聊没意义，孩子大受打击，当场眼泪汪汪，并且感到混乱，因为家长和老师的看法迥异。为了鼓励他，又不想让他和老师作对，我们又花时间对他作解释，但孩子和我们都心里明白，逸夫的好时光过去了，这位老师是未来初中生涯的预警。

果然，整个初中四年，每天语文课的大量作业是抄默生词、背课文，每晚家长必须做的一件事，便是给孩子默生词背课文，每天都有的课堂小测验也是默生词背课文。仍然要写周记，只是这周记不能“乱写”，必须有“意义”。于是孩子挖空心思编写做好事经历，编写所谓有意义的经历，不再有自己的语言，不再表述自己的所见所闻，那么无趣的读和写，老师累学生更累。

如今，无论O奔多么留恋中文，回到学校，读写英语是逃避不了的。有意思的是，他在美国高中最初只是在家里上网写中文，这一写却激发出他的“写作”热情，他后来在十一、十二年级遇到选修课，只要有写作，他都会选，无论是原创写作还是逻辑写作，都可以拿到A。老师认为，他的构思独特，表述生动，富于想象力，虽然他的英语有不少语病，但瑕不掩瑜。

我很感激他高中第一学年的英语课老师，那时，他们的英语课在读美国经典小说《了不起的盖茨比》，期末要写读书报告，可是才来美国不久的O奔无法啃下这部语词丰富语言优美的大师作品。我的美国公寓书架上排列着我从中国带去的书籍，其中就有菲茨杰拉德这本小说的中文译本，O奔问老师，他能否读中文版本，之后，根据中文版本来写读书报告。

对于当时的他，读比写更难，首先要过词语关，许多生词要查要弄懂，而写是可以用相对简单的英语来表达，至少，费的时间远远少于读原版。这位老师竟然同意让O奔读中文版小说，用英语写读书报告。我为此去见过这位英语老师，一位有着澄澈蓝眼睛的俊朗青年，我因为儿子不读英文原著而抱怨说他懒，老师当即呵呵笑说，我也懒，哪个男孩不懒呢？这位老师告诉O奔，读中文版本没关系，但必须保证把这本书读完。

儿子读完了这本小说的中文译本，这是他的人生里第一次读严肃文学作品。想起来真可悲，除了童年时给他念过格林、安徒生等世界著名童话，上学后，有了阅读能力后，孩子竟没有空闲在业余时间读文学经典。

我很意外这样一部描述浮华背后的虚幻、故事结局悲哀的小说，深深打动了孩子，虽然他未必完全理解故事里的深刻隐喻，但文学经典特有的锋芒和力量可以触动任何人的心，盖茨比梦碎遭遇，让我的儿子久久不能释怀。以后，有一天，他终于可以用英语把这篇小说再读一遍，不，读了不止一遍！他告诉我。

是的，“只要读完”，这位老师当时只有这个要求，他不强迫英语不太熟练的男孩读英语。他知道不用着急，只要去读这本小说，无论哪种语言，都会被小说用优美的语言表述的故事打动，就会有想去读原著的动力，一门语言是通过文学优质化并传递其美妙和不可替代的魅力。

无论如何，英语课仍是最难的一门课程，值得庆幸的是，最初两年的两位男教师都不曾给O奔压力。他虽然需要在“读”上花时间下功夫，却先爱上了“写”，凡是需要写文章的作业，他都乐意完成。连音乐课老师都知道他爱写，每学期的音乐课结束有开卷考试，便是写一篇与音乐有关的文章，音乐老师告诉我，在他的百人音乐班上，O奔的期末开卷考文章写得最出色。我有点不敢相信，毕竟，这些文章是用英语写出来的。

有朋友告诉我，“写”的能力在美国未来职场非常有用，哪怕是理科生，在公司，善写 proposal（企划书）有利于升职。然而，才能会消失假如不够勤奋和努力。如今儿子依然喜欢“写”，大学的选修课也选写作，但愿他不是仅凭一时兴趣，但愿“写”能促使他去“读”，无论未来从事哪种职业，文学是艰辛的人生不可或缺的心灵寄托，是精神获得解放的途径。著名学者夏志清教授曾经对我说，来到美国，能得到的最大优惠是，可以用学到的英语阅读英语文学中无以计数的优秀书籍。

阅读离不开图书馆，这里的图书馆一次可借阅多本书，还书不必去图书馆，还书的箱子分设在一些超市或加油站附近，像纽约这样的大都市，你在曼哈顿借的书，可以去皇后区你家附近的图书馆还书。

图书馆也提供大量的音像资料和有声读物，有声读物在以车代步的美国大部分地区，人们可以在上班和旅行途中，在车里“听书”。曾经和一群国际作家去密苏里州参观马克·吐温故居，长达六小时的路途，我们在车里一起听马克·吐温的有声小说《哈克贝利·费恩历险记》，作家们不时被大师的幽默逗得哈哈大笑，我的低程度英语很难跟上“听读”节奏，但与不同肤色的作家共同听读大师作品的情景让我难以忘怀。

在异国他乡，唯有图书馆给我深深的归宿感，我需要在那样的场景感受熟悉的氛围修整自我。孩子上学时间，我便去图书馆写作，那里既安静又有人气，写累了，可随意翻阅各种书籍杂志和报纸，社区的各种文学活动包括讲座、朗读也是在图书馆展开，尤其是，图书馆部分文学活动是为儿童组织，培养他们从小热爱书籍。图书馆还有专门做补课服务的老师，免费为跟不上趟的各科学生补课。

我爱去的图书馆在邻城，空间开阔，有室外停车场免费停车，车程才十来分钟，我常在那里遇见大学艺术系年过七十的韩国裔女教授，她专长首饰设计，令她在艺术界出名的却是她的独树一帜的装置作品。她喜欢在这间图书馆度过闲暇时间，坐在临窗的沙发上喝着咖啡翻阅杂志，有时她经过我身边，在我桌上放一些她刚买的坚果类零食，让我舒心一下午。

阅览厅有几十台电脑，低收入市民没有电脑，可来此使用，不少上年纪的退休人士，也来此消磨时光，更多的大学学生都自带电脑，跟我一样，不过是借这个空间，做自己的课业。

阅览厅边上是一间间小房间，志愿者在小房间里一对一给孩子朗读书籍，补课老师也常在那里一对一给学生补课。

而我常对着成排成排的英语书籍为我无法快速阅读它们而深深遗憾。熟悉语言需要时间，可写作总是让我觉得时间不够。

是的，儿子比我们幸运，英语文学浩瀚的海洋，他可以尽情游弋，假如他珍惜这样一种幸运。

22

美国社会的模范公民

自从七月四日被邀请去本和乔伊斯家后，我和我的基督徒邻居有了往来，因为他们，我在异国的生活不再是悬在真空，我通过他们，在渐渐接近美国民间社会。

国庆派对之后，乔伊斯邀我星期天上午十一点去她家参加 Bible Study（圣经学习）。

我倒是很愿意和基督徒们一起读圣经，我读了这么多西方小说，听说了这么多圣经故事，却没有通读过圣经，而圣经被认为是西方文学的乳汁。

星期天十一点钟，我来到本和乔伊斯的家，他们家的客厅已变成课堂，六七排椅子对着壁炉方向，壁炉前一把椅子给主持人。学习未开始，客人们围着长餐台喝咖啡、吃点心互相聊着天，来了二十多位客人，大部分是当地白人，两三个黑人和三四名中国留学生。这些美国人多半已在国庆那天见过，他们和乔伊斯夫妇在同一教堂做礼拜，也在同一小组读圣经。

每次圣经学习开始前，都有半个多小时的咖啡点心时间，咖啡点心由教徒们轮流带来，这更像是社交时间，彼此嘘寒问暖聊些各自的家事。这些美国教友对于国外来的新人热情又好奇，问长问短，表达着他们的关心和善意，却不像我所担心的，使劲劝我入教。他们既不是艺术家也不是大学学者，他们是美国的普通老百姓，我通过这个窗口，看到在大学看不到的美国。

Bible Study（圣经学习）本该在教堂做完礼拜后分组进行，但那一阶段，城里发生水灾，把本和乔伊斯归属的教堂淹了，每星期礼拜教徒们便去西区高中剧场进行，之后的圣经学习，按小组分散去不同人家。

教堂修缮完成已是来年二月，这半年里，遇上本和乔伊斯外出旅行，或去外州探望儿子，他们便把家里钥匙留下，客厅的圣经学习照常进行。

平时的圣经学习由本主持，他根据当天阅读的段落会罗列一些问题并打印出来，发给大家。本这一生都在为教堂服务，他带着妻儿去新加坡传教十七年，回国后仍是圣经学校的老师，每星期五，他去中国人教堂为他们的圣经学习做辅导。

其实，本任教的圣经学校并不是一所实体学校，他作为圣经学习老师，是通过圣经学习小组带领教徒阅读和讨论圣经，本在自己家有间工作室，他在工作室研究圣经，也会请教徒来他工作室进行圣经辅导。工作室里有个迷你型打印间，每星期的圣经学习，本都会发些打印材料给教徒们。

圣经学习结束后，教徒们有祈祷，通常是为他们认为需要帮助的人祈祷，也许是朋友亲戚或家人，也许是朋友的朋友、亲戚的亲戚，或从媒体获知的大灾难。

事实上，祈祷是圣经学习的重要内容之一。每次学习，打开圣经书之前，教友们先轮流交谈各自带来的被祈祷者的名单和他们的故事，其他人会认真做笔记，帮助自己记住陌生人的名字和状况，之后，才能为那些从未谋面的某某祈祷。而我从中发现和感受到，美国普通老百姓通过教堂，构联成一个互相关心帮助、温暖可靠的民间社会。

我的家仅几步之遥，圣经小组解散后，觉得自己有责任留一下，和女主人乔伊斯一起整理客厅，虽然客人们临走前已经清理留下的垃圾。有时乔伊斯要为星期天晚上的教堂活动做甜点，我要是有时间也会陪着她，一边聊聊家常，顺便搭把手，那种感觉放松惬意，是我们聊心里话的时候。

我欣赏乔伊斯的个性，她是我愿意接近而不是要推开的教徒，她总是显得愉悦快乐，时刻准备帮助任何人。生活里不免出现问题和让人沮丧的各种不顺利，乔伊斯常常说："有些事我们已经尽力，假如还是不能如愿，我们只有向上帝祈祷。"

她如此坚信祈祷的力量，这种坚信本身，或者说一个有坚定信仰的人是有力量的人。而来自乔伊斯的力量，是通过她的笑脸和从来不会失去的信心。

乔伊斯和本都很忙，每天安排满满，多是在解决留学生的各种难处，为没有车的留学生开车办事，诸如买东西、搬家、去外州面试，甚至帮他们看英语论文改错句，他们就是一对活雷锋。

他们有个和睦的家庭，三个儿子都已成家住在外州，感恩节儿子们会过来团聚，我先前以为，他们俩只管传教做慈善，而用不着操心家事。

有个星期天下午，我有东西要递给乔伊斯，先电话她，她好像犹豫了几秒钟，但仍然答应让我过去。我兴冲冲地去了。走过草地，穿过树篱，进到她家花园，走上她家露台，透过落地窗，看到本和乔伊斯坐在他们惯坐的长餐台边，有个男人背对着露台门和他们在一起。他们家经常有客人，我这么想着，熟门熟路开了露台门进去。

我进门的瞬间，背对着我的男人迅速起身猛然面对我，他的一双大眼眸子斜视，使他的面相有些歪扭，初初一见会对他产生畏惧。他离我很近，我因为害怕身体像冻住一般，此时本和乔伊斯也快速起身，他们有些紧张地看住那个男人，然后，乔伊斯对他说："路克，她是我们的朋友 Ying。"

但是，叫路克的男人像没有听见，他歪着脖颈，斜视的眼珠一角直直对着我，我有一种拔腿就跑的冲动，却听见乔伊斯在向我介绍："他是我们的小儿子路克！"

"路克，你好！"我勉强挤出笑容向他招呼，他像没有听见，仍然看着我，那姿态很像动物受惊时而产生的进攻状，这时，他父亲站在与餐厅相连的客厅门口，用嘴发出"嘟噜噜噜"的声音，似在逗孩子，欲把路克唤去客厅。

路克终于循着父亲的声音进了客厅。可是我也待不住了，和乔伊斯匆匆交谈几句便离开了。

我受到冲击的心情好几天都无法平静。我才知道，总是笑眯眯在帮助别人的这一对夫妇，竟有一个已经成年的脑瘫儿子。

原来，他们在新加坡期间，还是 baby 的路克遇上车祸，脑部严重受伤而留下脑瘫后遗症。当年，这对夫妇经历了非常痛苦的求医阶段，花了很长时间接受路克的残疾现实，在这令人绝望的漫长过程中，作为母亲的乔伊斯并没有动摇对上帝的信念。她说，从信仰获得的最大益处是内心的平静。

自从见过路克，乔伊斯才开始和我聊关于路克的一切，他住在城里另一处，由社会福利机构派出的护工照顾他。有一天我提出和乔伊斯一起去探望路克，我才发现路克其实还停留在孩童阶段，他害怕陌生人，我才明白，那天，我们初遇的瞬间，我害怕路克的同时，路克也在害怕我。

认识路克，令我和乔伊斯更接近了，我们以母亲的角色聊自己的孩子，宗教话题之外，我们之间越来越像可以交心的朋友。当路克的股骨坏死需要动手术，乔伊斯会把医治的每个过程告诉我，我也把我信任的医生介绍给她。

没有什么人的人生可以完美无缺憾。不同的是，有信仰的乔伊斯和本可以平静接受命运安排，他们克制自律，对生活保持乐观态度，我把他们视为美国社会的模范公民。

23

廊桥不可遗梦

教堂修复后，我偶尔跟着乔伊斯参加星期天的礼拜。这是一个大教堂，可坐近千人，星期天早晨有三场礼拜，分别在八点钟、九点半和十一点钟，本和乔伊斯参加九点半那一场，十一点钟，他俩要组织小组的圣经学习。

教堂有一支大乐队，礼拜开始前，乐队主唱带领众人唱福音歌，一唱就唱几首，歌词显示在舞台两侧的屏幕上。这是教堂最感染我的一刻，是被充满热情的欢乐感染，想起我的一位皈依基督的学姐说过，她在教堂最能感受到的是欢乐。

唱福音歌最激情的是黑人，他们高举双臂眼含热泪，而我身边的乔伊斯有着悦耳的女高音，仔细听去，身边的其他教徒仿佛都有一副好嗓子，声音是练出来的，这福音歌他们可是从小唱到大呢。乔伊斯也参加教堂唱诗班的演出，唱诗班多声部合唱可以与专业合唱团媲美。

每座教堂都有自己的倾向和风格，乔伊斯夫妇做礼拜的这座教堂，属于基督教中保守一派，教徒们的信仰虔诚度高，这从本和乔伊斯全身心的投入就能看出。他们常常会带一些中国或韩国以及东南亚学生参加礼拜，比本地华人更快认识来学校短期访问的中国学者，或才来报到的中国学生，在为初来乍到的中国人解决生活难题。同时带他们进教堂，可谓为传教不遗余力。本和乔伊斯对东方人的认同和热情也在影响其他白人教徒，东方年轻人来到他们的教堂，使从未去过远东的部分美国人，也开始想要了解对于他们来说还完全陌生的人种。眼看这座教堂越来越国际化，这也和乔伊斯夫妇的努力分不开。

有一天，礼拜后的圣经学习，从非洲肯尼亚回来的一对白人夫妇受到众人的热烈欢迎。丈夫罗杰是个脸容仁慈气质沉稳的医生，太太凯罗漂亮优雅，罗杰在肯尼亚传教并行医，太太伴随左右，在战事仍频的肯尼亚，竟待了二十年。这天，他们在讲述如何在炮弹轰炸的同时抢救伤员，我有种时空交错的感觉，传教行医各种艰险，这些发生在百年前的故事，今天竟然还在继续。

人们都认为美国离婚率高，但我观察到这个群体内，除了年轻的留学生或访问者，几乎都是夫妻双双来参加礼拜，是信仰稳定了他们的家庭关系吗？无论如何，他们代表了社会稳定的那部分基础。

教友们生活态度非常传统保守，这也正是这个农业州的文化特点。或者说，整个中西部代表了美国传统价值观，有一件事非常能反映中西部美国人对婚姻家庭的看法。

1992 年一部名为“The Bridge of Madison County（直译，麦迪逊桥，又名，廊桥遗梦）”的小说在美国出版，并被翻译成多种语言，1994 年在中国出版。不久，华纳兄弟公司将其搬上银幕，著名导演、大师级演员克林特·伊斯特伍德执导并和更加著名的梅丽尔·斯特里普主演男女主角，此片获得 1996 年的奥斯卡和美国金球奖提名，在中国院线放映时曾掀起“廊桥遗梦”热。

而这麦迪逊桥，就在我们州，距离我们城两三小时车程的麦迪逊郡内。故事中有个重要背景，即这位农妇（片中女主角，斯特里普饰演）的丈夫和孩子们去州府城市得梅因（离我们城有两小时车程）参加一年一度的集市。这集市到现在仍然每年八月在得梅因举行，集市上展销各种农业机械、农产品，和牲口，州内农场主从各地开车过去，通常会在得梅因住几天。影片中正是在丈夫和孩子去得梅因参加集市离家几天期间，农妇独守家中，与进入麦迪逊郡拍摄有百年历史廊桥的摄影师（片中男主角，伊斯特伍德饰演）邂逅，才有后面的浪漫恋情。

电影放映后的十几年里，凡有中国访问者，或二十世纪八十年代之前出生有机会看这电影的留学生，只要来我们州，都会设法去看这座桥。

我也曾被朋友载去看桥。是个雨天，进入麦迪逊郡不久，车子便驶入乡间的石子路，经过一段不见人影两边野草丛生窄路，廊桥兀然出现在右前方，著名的麦迪逊桥竟然坐落在这么偏僻落乡的地方。此时，雨越下越大，这用松木搭建桥顶的廊桥被漆成暗红色，暴雨中仿佛在另一维度。

这座廊桥实名“赫格贝克加盖桥”，1884 年建成，全长 97 英尺，因出现在《廊桥遗梦》的电影中而闻名世界。

我们到达时，廊桥桥边只有两个人，而且是两个亚洲人，上前询问才知是日本人，他们也是因为电影的魔力特意过来看桥。桥上刻着各种各样的留言，都是前来参观的外国旅游者留下，暴雨中无法细看，我们匆匆离去时，那两个日本旅游者还在暴雨中流连。

之后不久，听说这座桥被人纵火，事实上这座桥和麦迪逊郡内另几座廊桥，不止一次被烧，一座被称雪松桥的廊桥已烧成灰烬。

警方没法找到纵火者也无法明确得知纵火者的动机，但人们传说，这纵火者是在当地居民中。由于电影的巨大传播力使这座廊桥成为人文景点，她象征了一段充满遗憾却富于美感的恋情，各国旅游者们络绎前来参观。可是，在保守的当地居民眼里，这是一段不道德的婚外恋情，是可耻的象征，为了阻止旅游者，便纵火烧廊桥。

麦迪逊郡曾有十九座加盖桥，一百多年来，只存五座，全部列入美国国家历史遗产目录，除了烧成灰烬的雪松桥，现如今，修复后的廊桥四周都装上了摄像头。但是，最好不要和我周围虔诚的基督徒们聊这段故事，他们会摇着头，非常不认同这一个关于婚外恋的故事。

这些年，美国著名的法律题材电视剧 The Good Wife（傲骨贤妻），非常受欢迎。当我赞赏这部电视剧时，乔伊斯却说，她可不是好妻子（good wife），她对丈夫不忠诚！可是，剧中女主人公 Alicia 和她法律事务所老板、旧同窗 Will 的婚外恋，却是剧中最有光彩最吸引人的情节。

我们在中国时，一直以为美国人有多开放，更多是从美国影视得出的错误印象，美国影视剧的开放度超过实际生活，而中国，正好相反。记得多年前我第一次到美国住在纽约，一位二十世纪八十年代就移居美国的老同学告诉我，美国是个清教徒国家，当时我很吃惊，也不相信，他说，因为你在纽约，可是纽约不是美国。

后来参加国际写作计划，第一次来到中西部的爱城，欢迎派对上，当某位美国教授知道我刚从纽约过来，说了同样的话，纽约不是美国，这里，中西部，才是真正的美国！他旁边另一位教授是用了几分嘲讽的语气强调道，你会发现，美国比你们想象的要保守得多。

我在陪伴儿子读书期间，遇到一件让我至今想起来心中还会浮起阴霾的事件。

城里大学政治系一位教授因对他的白人女学生说了一句性骚扰的话，被女学生报警，教授被捕，而被捕者的个人信息连同照片成为电视早新闻内容之一。于是，每天早晨打开电视，都会看到这位教授的名字和照片出现在屏幕上，他看起来相貌堂堂，据说非常有才华，却性情风流，心里为他难受，想着他以后出狱怎么做人，有这种事发生，即使不坐牢职位是保不住了，也无法在其他学校拿到教职。

不久教授被保释出狱。

有位曾和教授共过事已经退休的华人告诉我，教授保释出狱后，美国当地人都向他关起了大门，包括他的美国同事，只有这位退休的华人同事接纳他。接着便发生了这样的悲剧，才到中年的教授拿了手枪到公园饮弹自尽。

这件事令我非常震撼，也难以释怀。一句性骚扰的话把教授送进监狱，名声和社会信誉俱毁，最终送了性命，无论如何我都无法接受这样的结局。

发生这件事的同时，我朋友的老公在国内大学和不止一位女学生有染的事被她发现，两人办理离婚期间，我打电话去她家却接在这丈夫手里，以前朋友之间往来这位做丈夫的也是被当作朋友看待,发生这样的事我自然会有态度,他却奇怪说，你在美国怎么反而没有我们国内人开放？我问他利用职权搞女学生是开放还是腐败？顺便把美国教授的故事告诉他，没有道德训诫的意思，无非给他一些信息，万一哪天到了美国，做些以为开放的事，而招来牢狱之灾。这位年纪上去却变得轻浮的中国教授，被这故事扫了兴致，一时无语。

之前，城里也发生过类似的事。在我做驻校作家期间，曾遇到一位以受到宗教迫害为名要求在美国政治避难的乌兹别克斯坦作家，他就住在我隔壁一栋楼，这位作家头发已经灰白，看起来年过五十脸容悲戚，跟我有过一次交谈，说到因为政治避难，老婆和家人留在自己国家，因无法相见很苦闷，尤其他以往日常起居都是被老婆精心照料，如今一个人在异国生活各种不习惯。大学给了他一年访问学者经费让他写书，他说写完书他还是想离开美国，设法与自己家人团聚。

然而这次交谈没过多久我便获知，这位作家因在办公室对一位白人女行政有性骚扰行为而被报警，该作家竟被逮捕驱逐出境。我当时也是很受震动，想着被驱逐出境的作家是回到迫害他的国家，还是去了第三国？以后的人生该如何继续？还有那本未写完的书稿命运会如何？

这两件事就这么真切地发生在我近旁，如此悲剧后果，令我明白，这里的国民远不是人们想象得那么开放，外国人到当地，假如带着错觉，说话行事稍不注意，就有性骚扰的嫌疑。

在这个看起来安全干净秩序井然的小城，人们固有的民风不容随意遭到挑战，一些污渍也容易被放大。宗教氛围浓郁的美国中西部，道德水准之高，跟没有道德底线的国内社会，两者之间的对比，才是给我最强烈的触动。

24

少年O奔的烦恼

来美国一段时间后，儿子又开始嚷肚子痛，尤其是早晨上课前，或考试前，最初我以为这是他想留在家的借口，但是放暑假回上海，有时也会肚子痛，这么看来是真的痛。

暑假回上海带他去医院看病，西医中医都看过，也没有看出什么名堂，不同医生不同说法，互相矛盾，配来一大堆药，尤其是中医的成药，更是又贵又多，且是针对不同病症的药。

对于已经市场化的医院，就像对于已经市场化的学校，很难有信任感，我不让孩子随便吃药，他回美国后，我便带他去大学医院检查。

我们城里有一间大学医院，这类大学医院带有研究性质，有两千多名医生，医院还有停机坪，有全美最好的眼科。

这间大学医院的艺术气氛特别浓郁，每个楼层大厅悬挂艺术画，有职业摄影师拍摄的国际作家富有个性的肖像，有时还在楼层大厅举办慈善演出。朋友劳拉擅长爵士歌演唱，她经常为医院病人举办她的爵士独唱音乐会。

这座小城被评为美国宜居城市之一，除了有浓郁的文学气氛，还因为城市虽小，却有间医术先进的大医院，虽然是公立医院，却看病方便，与纽约的公立医院天差地别。

这么说，是因为我曾在纽约遭遇车祸，有过到纽约公立医院看急诊的经历。一段让我啼笑皆非的经历。

那天，刚从上海到纽约，朋友约了去饭店吃饭，一路说笑热闹，也许，正是太热闹了，影响了驾车朋友的反应。在绿灯过十字路口时，有部车子从横马路窜出来，没错，那部车子闯红灯了，之后才知闯红灯的车子刹车坏了，车主是个底层南美人。

因此我们这部行驶正常车速也正常的车便撞上了那部超速闯红灯的车。当时我坐在副驾座的位子，相撞的一刻空气气囊袋弹出，直接弹到我胸口，力道之猛，胸口好像被硬物狠狠撞击，肋骨像被撞断，剧痛伴随胸闷，而驾车的朋友很幸运，气囊袋弹出时，被他放在方向盘上的手阻挡了一下，所以他没有遭遇激烈弹击之痛。坐在后排的朋友由于没有系安全带，车子相撞时，她的身体被强烈震荡上弹，头撞到车顶。

警车很快就来了，警察见我系着安全带，便说，幸亏你系着安全带，否则很有可能颈椎受伤，那就麻烦了。

警察要把我和后座朋友送去医院检查，问我们想去哪家医院，我们没法判断哪家医院更好，便以国内的思维模式要求去附近的公立医院。我们以为私立医院贵，却不知是由保险公司付账，也完全没有意识到，车祸附近这家公立医院是坐落在纽约皇后区不那么高尚的地段。

警车立刻把我们送进附近公立医院，进得医院被直接抬到病床上，虽然我们完全可以自己走动,却被护士按在床上。可是,被移送到急诊室的病床后，却一等等了四五小时没有人理，从天刚擦黑进医院，说要先拍 X 光片，到夜里十一点还没有轮到拍片。公立医院的胖护士懒洋洋的，对于我们一而再再而三的相同问题，爱理不理，后来干脆消失了。

那是个夏天，医院冷气足，我们只盖了层白被单，冷得牙齿打战。期间，有一群街上斗殴的黑人被送进来，其中一个就被放到我旁边的床上，一条白布帘把我和旁边的伤者隔开，只听那人在床上嘶哑着嗓子骂骂咧咧，听不懂他在骂什么，但“Fuck……fuck……”的单词还是相当清晰，我把被单撩开一条缝，看到这黑人衣服上血迹斑斑，精神却很亢奋，张着血盆大口，一串串的脏话不绝于耳，立马觉得自己身处好莱坞动作片中。

很快，谩骂声停止，这黑人被推走了，去了手术室还是被警察带走？不得而知。然后又进来一拨人……

十二点以后，医院忽然安静下来，我实在又冷又疲累，熬不住了，于是起身下床去找医生，朝着医务人员“你是医生吗？”一个一个问过去，终于问出个医生。是个印度裔医生，当他知道我才从中国来，便非常热情，亲自带我去 X 光室拍片。一个懒洋洋的黑人坐在里面，完全没事干，我拍完片，和印度裔医生一起离开 X 光室，他向我保证等片子出来立即给我看病，也就几分钟时间。可是话才说完，广播响起，要外科医生进抢救间，同时，只见警察押送进几个戴手铐身上有血的黑人，印度裔医生立刻从我面前消失，去对付枪伤病人了。

想来这个晚上看病是没有希望了，只得回家，那时已近凌晨两点，我在这家医院等了六个小时还没有看上病，这便是纽约公立医院留给我的印象。

纽约公立医院看病难，也跟这个州的福利好有关。据我所知，纽约州是全民医保，低收入病患的医保由国家埋单，所以他们通常去公立医院才能全免费看病，这便是公立医院环境远不如私立医院好的原因之一。

我所在的农业州不如纽约州那么富裕，低收入病患要到六十岁以后才能享受政府医保，再加上城里唯一的公立医院是大学医院，这又比一般大城市公立医院环境好很多。

由于小城人口少，没有什么工作机会，因此低收入人群比例本来就比大城市低很多，免费看病的机会更少，因此去公立医院看病并不难，电话预约看门诊，可以立刻安排时间，十八岁前的孩子，是在儿科看病。照顾到孩子要上学，便尽量满足家长要求，将门诊安排在早放学的星期四下午三点以后。

有了预约，在看病前一天，医院会通过语音电话再做提醒。

儿科的候诊室小桌上都是图画书，墙上也贴满各种富有童趣的图画，儿子不乐意了，虽然才十五六岁却已长到一米九的个子，怎能与这般小儿为伍？好在候诊室还坐了几个看似家长的成人，不至于让儿子觉得自己像小人国里的巨人。

我们刚填完挂号处窗口给的表，就有护士出来招呼O奔。进入门诊区域，有专门的护士先在一间房给他量体重和身高，这一环节是儿子最感兴趣的，他对自己的身高体重非常关注，站在体重秤上意犹未尽的，好像要多称几次才尽兴。

我们被安排坐进问诊室，稍后进来一位年轻女医生进行问诊并做记录，年轻医生离开后，主治医生爱琳娜才出现在问诊室。她是位亲切的善解人意的并有几分知识分子气息的中年白人女医生，O奔在高中那几年，她一直是我儿子的主治医生。

爱琳娜和O奔聊了一会儿，才把话题转到病情，之后O奔做了些化验室的检查，有护士进来采血，报告很快出来，没有什么问题。于是爱琳娜与我交谈，仔细向我询问O奔何时开始有腹痛现象，我便想起儿子从读小学开始便在上学日说肚子痛，也去医院检查过，之后不治自愈。来美国后，又出现腹痛，并且痛感比小时候强烈，所以才又带他看病。

爱琳娜认为这腹痛最有可能是压力引发胃酸过多引起的疼痛，我有些不解，听起来压力只属于有工作重任的成人，孩子会有什么压力呢？爱琳娜却说，孩子从中国搬到美国，环境的巨大改变便是压力，只是这压力是在他的潜意识里，孩子未必有意识上的认知。由于看病那天儿子腹痛感消失，医生让我回去再观察几天，假如腹痛又出现，让我给她打电话，并给了我名片，说可以随时联系她。

几天后，儿子又有腹痛，我电话爱琳娜。事实上，这电话是通过医院总机转到爱琳娜的诊疗室，接电话的是位男护士，显然，在电话转接过程中，他已经了解了O奔的状况，他在电话中做了些问询后，便开出药方。原来，美国医院的护士也有处方权。

男护士嘱咐说，让O奔试着服一种非处方减酸药，假如吃了有效果，说明是胃酸分泌过多，连续服药几星期就会好。这位男护士说他马上打电话给超市药品柜的药剂师，我直接去药品柜报出O奔的名字，就可以拿到他开出的药。

这瓶减酸药才三美元，服下后腹痛便消失，没错，孩子的确是胃酸过多，的确是那看不见的压力造成的胃酸分泌过多。可在上海期间，从西医看到中医，做了一堆检查，配了一堆药，却没有医生意识到是压力造成的胃酸过多而引起的胃痛。

虽有药可治胃酸过多，但儿子自己都未必清楚的压力也使我有压力了。想起伊萨卡高中办公室老师说起他们有为移民学生设心理辅导办公室，可见移民学生有压力是可以预料的。又想起以前在纽约小学，学区专门派一位华人老师每星期来O奔小学，帮助他与学校老师做深层沟通。

可是，儿子目前就读的高中并没有这项服务。我询问医院是否有心理咨询科，医院让我先联系儿子的主治医生爱琳娜，原来儿科的主治医生也可以进行心理咨询。爱琳娜认为，O奔不需要特别的心理咨询，只要学校的counselor多和他聊聊，帮助他与新环境融合，压力就会消失。她说她认识艾米，会和艾米联系，让她和O奔聊聊。

可能艾米太忙，她找了一位在他们高中实习的心理系韩国留学生和O奔聊。但事与愿违，儿子不愿意和他聊，说这位韩国留学生讲的英语他听不懂，这倒是真的，我也有这种感觉，韩国人和日本人讲英语口音很重，不容易听懂。

那几天正好我的纽约好友永玲来电话，她在纽约一所私立学校任主管，听了这件事便道，这些老美总以为亚洲人来自同一个国家，他们难道不知道亚洲有这么多国家、这么多不同的语言和文化？他们就是自以为是。假如遇到一位出生在美国的华人，他们不会认为他是美国人，他们会说他是中国人，如果这个人是讲英语的欧洲白人，他们就理所当然把他看成美国人，难道美国是白人的美国吗？

我一直很欣赏好友身上的锋芒。她曾在美国非营利教育机构做国际交流方面的工作，之后去纽约私立高中任教，然后被新建立的纽约私立学校挖宝挖过去，令她的私立高中校长非常不舍。她的丈夫是德国人，在新泽西一所大学任化学教授，可以说她是那一类视野开阔的国际公民。这位好友工作上是她美国校长的得力助手，就她个人立场，绝对不苟且各种偏见，是个在美国社会活得扬眉吐气的中国人。

艾米找韩国留学生和O奔沟通本是出于好意，可这好意之下不排除有那么一点种族主义的偏见，这是个相当微妙的境遇。这样的境遇在这几年里碰到不止一次。

后来，在儿子十二年级的英语课上也遇到过类似的情景。新来的女教师把班里的三个中国学生放在一个小组，除了我儿子，另两位中国学生才来美国不久。她安排小组之间进行演讲比赛，当然，这个中国学生小组分数最低，而这演讲在整个学期要延续下去，显然演讲的低分会拉低整个学期的分数。

儿子对这样的安排感到不舒服，也许，我更敏感，但我没有把心里的质疑告诉儿子，而是直接给这位老师发信，希望她把三个中国学生安放到美国学生中间，不同国家的孩子应该混合而不是隔离，让中国学生单独成组去竞赛演讲不够公平，并且可能出现的负面结果是，让他们在班里有异己的感觉。

种族话题在美国是敏感话题，老师立刻回信各种解释，显然她感觉到了我内心没有说出的那些话。

期末最后一篇读书报告，儿子洋洋洒洒写了几大张纸，未料这位老师给了O奔79.95分，在他几年的写作上这是最低分了，而他觉得自己这次写得还特让自己满意。是的，这种分数挺让人郁闷的，差了这么个0.05分落在C档，这让儿子非常意外和生气，认为是在分组的事情上我给老师写信得罪她了。我也有这样的怀疑，不过，这种事太微妙，没有办法说清。再说已经是高中最后一学期，儿子他们都已经拿到大学入学通知，这分数至少对未来没有什么影响。这个，我知道，儿子也知道，但他心里仍然不爽，而我，更是心塞。

我忍不住给老师写了短信，告诉她孩子对这次读书报告的重视，他写了老师要求字数的两倍，但老师给的低分让他有点受打击，我说，我很遗憾，这门课是以这样的成绩结束。老师回信说了一堆赞扬儿子的话，说他如何有才华如何积极参加讨论，说她很高兴，因为看见O奔在她的课堂非常快乐诸如此类，看到这种言不由衷的可说是忽悠人的赞扬话让我顿时心头火起，我立刻不客气地回信告诉她，在你的课堂他并不愉快，尤其是演讲分组的事，在我跟你提出之后，孩子认为我得罪了你，他因此认为你给的写作分数表达了你的不快，我对你把孩子的不快乐看成是快乐感到吃惊……

虽然我当时很生气，但也只是把信发给她而不是CC（抄送）给年级负责人，至少这封信只是让她知道我的看法，不如说我不爽的时候也让她不爽了一下，却不愿意真的给她带来麻烦。如果让学校领导知道少数民族家长抱怨老师有偏见，说不定会给老师惹来麻烦。

我后来回想起来，会怀疑自己，这样的反应是否太激烈，是否在演讲分组这件事上，我有点太过敏，是否作为少数民族，我们太玻璃心。

让我自己更难以接受的是，与美国朋友之间也曾发生过类似的不愉快。那次是刚进大学的儿子脚扭伤，正逢我去美国探望他，一位美国朋友和我一起陪儿子去医院的门诊部。填表时，接待柜台有名护士看了一眼O奔后，便关照说他必须先打预防针，我告诉护士，他是在美国上的高中，该打的针都打了，这位护士没有回答我的话，因为她被电话叫走了。

我身边这位美国朋友便帮着护士说服我让O奔打预防针。我问为何无缘无故打针，朋友跟我解释说，可能因为O奔暑假去过中国，所以需要打预防针。我突然有种不悦的感觉，我说，暑假去中国的不止O奔，也有许多美国大学生去中国，如果暑假去过中国的所有的美国大学生都打针，那O奔也打，这位护士没有查记录，就凭着他是中国面孔，不，凭着他是亚洲面孔就要他打预防针，这……对吗？我的朋友一愣，她在回味我的话。

然后，那位护士又出现在接待柜台，也许她去查过记录了，没有再提预防针的事，我和朋友也没有再聊这个话题。可是，我和朋友之间一贯的愉悦气氛被冻住，关于预防针她的解释和我的反应，好像在我们之间划了一条细细的裂缝，虽然，她是城里对中国人最真诚最友善的美国人之一。

当然，我会用其他的愉快话题掩饰我内心一时无法消化的不自在，时间也会慢慢修复这道细微的裂缝。

我那位在纽约大学任教的好友张真，每年为招收新教师而与她的白人同事冲突，她认为他们更看重来自欧洲的申请人，而她则竭力为那些深肤色的亚洲女性争取名额，有时冲突激烈令她生气而夜不能寐。她说，即便是在开放的纽约，在更开放的纽约大学，这些自认为 liberal 的白人教授，他们潜在的、内心深处连自己都意识不到的种族主义偏见仍然会在某些片刻浮上来。

有文化修养的人是不会承认自己有种族主义偏见的，这是个大是大非问题，更何况，在这个法律国家，公然的种族歧视是触犯法律的。但是，歧视和偏见有时非常隐秘，你自己的理性都没有意识到。你心里觉得自己是出于好意，却已经不小心伤害了你想帮助的人。

种族平等是个漫长过程，既然开放的纽约都有这样的问题，我便释然了。我很庆幸我有这两位强大独立优秀的中国女友。

关于那次心理辅导，O 奔拒绝和韩国留学生继续聊下去，我也不再用心理辅导这个问题去打扰艾米。你没有太多期待才不会有太多失望，毕竟，她只是一位出生在中西部从未去亚洲旅行的高中老师。

美国这些年这一类细微的却无法忽视的挫折，让我联想到发生在自己城市人们已经见怪不怪的种种歧视。多少年来上海人习惯称外省市人为“乡下人”，而我长年生活在自己出生的城市，完全没有过异乡人在生活不易的大都市受到排挤的感受和种种难处。我也因此告诉自己，告诉我认识的中国家长，对年少留学的孩子要有更多理解，他们是直接沉浸在异国文化中，暗流险滩个中滋味只有他们自己明白，在难以言说的挫折中，这些孩子的内心会异常敏感。

在新加坡工作一年时，我们的家庭医生是个爱好文学有人文情怀的医生。当年与他讨论不同国家的社会问题时，他说过一句睿智的话让我总是记着，没有完美的地方，问题是你可以选择适合你的地方。我在想，让孩子离开严酷的中国教育环境固然是一种选择，但移居有移居的问题，人生从来不会光滑到一帆风顺，只有从哲学角度来审视生活，才能够接受现实，而现实的本质便是，坎坷曲折总是伴随人生路途。

无论如何，美国是一个可以通过沟通辩清道理的地方，老师们有自己的视野局限，但尊重是底线，不可能出现对学生破口大骂的事，对家长更是恭敬。你是外国人，你不懂不了解的地方很多，你可以把心里的疑问说出来，假如你不想委屈自己。虽然不可避免会遇到一两个让你心堵的人，但，常识告诉我们，任何国家任何人群都有内心藏着偏见的人，这并不说明什么，重要的是，我要防备自己以偏盖全。

这又让我想起另外一件事。

一年一度的 AP 考试，各门课程中也包含了语言，因此 AP 语言考试有西班牙语、法语、日语或中文，如果获得其中一门非英语的 AP 语言过关考，进大学可以免修外语。对于我家孩子，最容易通过的自然是中文考试。一般的 AP 考试都可以安排在校内完成，但中文考试，O 奔的高中偏偏没有安排，要去某些大城市专门的语言考试机构，我上网一查，最近的也远在芝加哥，而且已经过了这一年的报名时间。

这件事被在纽约私立学校工作的永玲知道后，她很不理解为何儿子的学校不安排中文考试，据她所知，纽约的高中都是让学生在自己学校考中文，当然纽约高中都有中文课作为选修课。我们城里两所高中还未有中文课程，但我曾听副校长说过，一两年后学校可能会安排中文课作为外语选修课。可永玲认为，不安排中文课可以理解，如果学生不多，但不安排考试不能理解，因为她的学校只有一名学生考日语，学校照样为她一个人安排了考试。

于是永玲帮我联系了邻城高中，那里有她认识的华人老师，那位高中华人老师提出让O奔去她学校考。这座城市离我们小城才二十五英里，但她学校领导知道后，不同意让O奔一个人去考中文，觉得对O奔同校其他要考中文的学生不公平，问题是如果O奔的学校所有要考中文的同学都去邻城高中考试，是需要两所学校之间有个契约，总之，最终没有考成。

不过，邻城的这位华人教师对我们城高中不安排中文AP考试觉得不可理喻，她说，你们这大学城，号称州里最开放的城市，高中不设中文课，连AP中文考试都不安排，这让我突然对这所谓大学城的开放度产生疑问。

这番周折和议论，令我对西区高中有点不爽了，我发邮件给负责AP考试的另一位counselor，这位老师是南美裔，据说对学生非常不错。我向他提出要求在学校安排中文AP考试，因为学校的中国学生也在逐年增加，他当时似乎不那么接受我的要求，其中还牵涉到语言考试需要一些小设备，我提出这些设备可以自己解决。可考试在即，没法在一两天里联系其他中国学生家长，这考试一事在当年是黄掉了，但次年，儿子的学校设法安排了AP中文考试，我知道后心里释然了，虽然我家孩子已经申请大学。

关于腹痛，从这一天开始，儿子的身边总是带着减酸药，每当肚子痛，服一颗药片立刻就有效。我感激美国医生爱琳娜和她的男护士。

25

芝加哥奇遇

二月，我要去一次德国，之前需要去芝加哥拿签证。但是拿签证之前，先要在网上填申请表，填申请表之前先要交费，交费之前还要填表并在合同上签字。总之过程很复杂，表上以及合同里有些问题不甚明白，我找了乔伊斯帮忙，她也是花了好几个小时，才和我一起把交费填表一事搞定。

之后，要安排如何去领馆签证的事。那时从我们城去芝加哥只有灰狗（灰狗长途巴士，后来有 meg bus，一种快捷巴士，从起点到终点，中间不停），灰狗在路上要停好几个城市，需要五个多小时才能到达，假如自己驾车，四小时就够了，我没胆自己一个人开车去那里，唯有选择灰狗。我的签证时间在上午，也就是十二点之前必须进领馆，德国领馆下午不安排签证。

冬天去风城著称的芝加哥实在不好玩。我不打算过夜，有留学生建议我坐半夜那班巴士去芝加哥，半夜这趟巴士两点左右从城里出发，到芝加哥是上午七点以后，领馆九点开门，我正可以去咖啡馆吃个早点休息一下再去领馆，然后坐当天唯一一班晚上九点的巴士回来，到城里也是半夜两点左右。

从我的住处到城里的灰狗站，驾车十分钟左右，我可以把车停在灰狗站的停车场，从芝加哥回到城里已经半夜，我就可以开车回家。但灰狗站的停车场要申请停车证，需拿着灰狗车票到城里政府办公室申请，一天一夜的停车费倒不贵，只有五美元，这些事都是乔伊斯陪我一起询问办理。

之后，我们去灰狗站的停车场看了一下认认路，这里离 down town 的中心广场也就两三条街，但仿佛冷清许多，乔伊斯关照我把车尽量停在靠外面一点，但当时，我并没有把她这句嘱咐放在心上。

到了出发那天晚上，乔伊斯和本一起电话我，说他们有点不放心让我半夜一个人去灰狗站。我当然无论如何都不肯接受他们送我，我是驾车过去，停车后便可以坐进车站大厅，没有任何不安全因素，我终于让他们打消送我的念头。在电话里，他们俩为我的安全做了一番祈祷。

那晚去车站，与我预想的完全不同，车站大厅竟锁了门，门口不见乘客，却有一两个白天看不到的流浪汉模样的黑人游荡在车站附近。离灰狗到来还有十分钟，我有点心慌，大冬天的站在外面又冷又不安全，我走进近旁一栋楼，楼里有暖气，却又想起纽约有些作案就是在大楼底层，赶忙又出来，不远处是喜来登酒店，也许我该上酒店大堂等候，但时间不多了，正胡思乱想，车子提前到来。

灰狗车身巨大。以前，从纽约去华盛顿DC，也坐过灰狗，车里干净又安静，乘客不多，都是穿戴体面的老美，像是来东部出差的。但这趟去芝加哥的灰狗，内里景象天差地别。

我上得车里，扑面而来的是热烘烘的臭气，黑乎乎的车厢里仿佛坐满了人，都在酣睡，各种呼噜声，定睛再看，黑乎乎的感觉来自于一车的黑人，好吧，中间混了个把亚洲人。我坐到自己的位置，隔着走道并排坐着一个中年黑人，看起来面善，我们互相招呼了一声。因为这位面容憨厚说话和气的黑人，我对整车的肤色也释怀了，心里说，歧视黑人是可耻的。

这位黑人很快也入睡了，我毫无睡意，在灰狗平缓的行驶中，站在车站时的忐忑渐渐平息，甚至有种踏实感，天亮后就可进芝加哥，就可以拿到签证就可以回家，所有为签证付出的各种烦恼都可以结束了。

窗外的积雪将天空照得白亮白亮，有一瞬间我以为天已经亮了。天没有亮，车子却停了，停一下也是应该的，虽然车内有洗手间，但司机总要休息一下，也许车子要加油，这么猜测着，却发现不对了，为何车子在高速公路停呢？

高速公路上车子飞驰着从我们的车旁轰轰轰地过去，我真担心它们会撞上我们的车。我朝四周看去，这部车里好像只有我一人醒着，人人都安心睡，我忍不住起身去探司机，他倒是醒着，是个南美人，西班牙口音的英语我听不太懂，但大概的意思是车子发生问题不能开了，那，怎么办呢？他啰哩啰唆了一通，好像要等，等人来修车还是等换车，我也没太听懂。

回到座位，我拍醒旁边的黑大叔，我告诉他车子不开的现状，他仿佛早已知道，心平气和说了一通，我也听不太懂，他的特有的黑人口音的英语好像更难懂。

我只能干坐，望着窗外的积雪，我现在唯一担心的是车子的暖气会消失。

天亮了，似乎越来越亮，太阳都出来了，已经八点钟了，我现在不担心暖气的问题，而是真正地着急起来，也许会赶不上签证，领馆十二点就关门了，假如还没完没了地等下去。我又去问司机，并告诉他我必须十二点之前进到领馆里，否则，今天我是拿不到签证了。然而，司机耸耸肩表示无奈。

乔伊斯来电话了，我告诉她目前的状况，她像往常一样冷静且胸有成竹："不要太担心，我为你祈祷，你也祈祷吧，相信你一定能在今天拿到签证。"

其实，许多次，在我感到无力时，我都会不由自主在心里祈祷。

直到九点多快十点，才有一部空巴士过来，这两个司机首先要把车厢底部的行李转到空巴士里，一边还聊着天。隔着车窗我焦灼地看着他们，一边问黑大叔，后面还有多少路，黑大叔说可能还需要开一小时，天哪，原来我们离芝加哥已经这么近。

当车子终于开动时，已经十点多。我拿出地图，领事馆在市中心的密歇根大道，此刻正是交通繁忙时刻，地铁是可靠选择，我已预先查了地铁路线，地铁要转一次车，可我突然发现身边只有准备交付签证费的大票额美元。

车子到芝加哥车站时已经十一点二十分，我下车时，灰狗司机问我是否愿意搭乘他的出租车，不不不，我已对他失去信任。我朝地铁站奔去，那里只有机器售票，必须投分币，我左右两边跑来跑去找商店兑换零钱，一位行人告诉我这附近没有商店。情急之下我拦住一辆出租车，告诉出租车司机，我有 emergency，必须在十二点前到达德国领事馆。

车子才开了几十米，司机指着前面一部车让我换到那部车，说那部车可以帮助我！我正在车里检查纸袋里的签证材料，性急慌忙下车，材料撒了一地，把东西拾起来，冲进前面那部车，都没有看清是什么车，坐进车里才发现这部车子的后座是冷硬的铁凳，且与前面司机隔了一层铁丝网。然而车子行驶飞快，很快就到了密歇根大道。

在密歇根大道的十字路口的红灯前，我发现马路对面那栋楼正是领馆号码，此时已经十一点三刻，我要求司机开门让我下去，可他在打电话。我把一百美元的纸币卷成细卷欲从铁丝网小孔塞过去给他，一边问，多少钱，你赶快准备找钱。他还在打电话，我便说，你是司机，怎么能在车上打电话？

司机终于放下电话，劝我不要急，说现在下车危险，他会把车转到对面马路，车子将停到大楼门口让我下。可是红灯漫长，我很想立刻下车穿过马路。但是灯绿了，在密集的车流里司机居然把车U转，居然其他车辆都让他！车子停下，我急着下，却打不开车门，司机下车过来笑眯眯地给我开门，我把钱给他，他说不收钱，此时我才发现司机穿着警服，哟，司机是警察呢，且是身形彪悍的警察！再去看车，呵，粗心大意的我此时才发现自己竟然是坐着警车过来，难怪铁板凳，难怪铁丝网，难怪U转时车子都让他。

我一迭声道谢，与彪悍警察互相笑着匆忙道别，很遗憾没有时间和他多聊几句，比如，这是一次例外还是惯例？当你需要紧急奔向某地，警车可以帮助你？

奇怪，写着领事馆号码的大楼，面对大街的竟然是一家商店。我想，我一定把地址抄错，可能双号单号搞错，应该在马路对面吧？便又回到十字路口，等绿灯急得跺脚，然后，冲过宽阔的大马路到对面街上找，有个热心肠路人竟来帮我一起来回奔跑找领事馆牌子，进到商店问一位南美小伙子，他告诉我，手中的地址没写错，领事馆是从那商店大楼旁的侧马路进。于是再等绿灯再冲大马路，侧马路果然写着领事馆的号码，进去后还要坐电梯上三十几楼，到了领馆的门前，一个黑人保安守在门口，此时只剩五分钟，我走进门后，黑人保安便把门关上了。

是的，我是最后一个签证面试者。在那个瞬间，我感受到祈祷的力量，这一路充满各种阻力，却不断获得助力，真是有如神助，签证面试才几分钟，我便离开这个花了我太多时间和心情的地方。

这天余下的时间我按照自己所计划的，去餐馆吃了午餐，去咖啡馆喝了咖啡，沿着密歇根大道，去了我几年前去过的地方。那是些美好也让人惆怅的日子，我和丈夫和国际作家们一起来芝加哥，那次芝加哥旅行后，作家们就要回各自国家，芝加哥的几天，作家们的心情都有些伤感。在西尔斯大楼楼顶，面对下面灯火辉煌的芝加哥，克里斯多夫指着某一处说，那是查理·西特林去过的地方，他的蓝眸湿润了。

查理·西特林是美国二十世纪六十年代诺奖得主索尔·贝娄的名著《洪堡的礼物》中的人物，这篇小说的背景就在芝加哥。克里斯多夫是英国人，他在瑞士大学教授西方当代文学，也是个善感的诗人，在芝加哥的那些日子，他常常为即将到来的告别而眼含泪花。因为查理·西特林，因为查理·西特林那一颗不断回首往事而充满悔恨而伤感的灵魂，也因为身边那一群与查理有着深刻共鸣的作家们，芝加哥不再是现实中的城市，她熠熠生辉，笼罩着文学世界赋予的神奇的光芒。

我在密歇根大道也像查理一样在检点自己的人生，再一次意识到理想和现实距离之遥远，我朝芝加哥艺术学院博物馆走去，那里有莫奈作品的展厅，是我可以片刻脱离现实的地方。

有如神再助我，这天傍晚，遇上艺术学院博物馆免费开放场，我在天才艺术家的作品前深深吸着气，好像长途跋涉终于来到向往的美景。超越自然的色彩光影构建的永恒的梦幻，日常里种种烦心事即刻消融，那也是一次艺术对现实人生的消毒。

七点左右我离开美术馆，我打算早些去车站，在车站餐厅吃晚餐，我把芝加哥南区的灰狗站想象成纽约四十二街汽车总站，那里空间巨大人潮汹涌，是地下铁最繁华的区域，快餐店咖啡馆小吃铺位随你挑。

出得美术馆，只见巴士一辆接一辆塞在路中央，此时的密歇根大道正处下班时段的拥挤，仿佛空气都被挤热了，街上的积雪在融化，人行道湿漉漉的，车站上都是人，不远处的巴士被前面的车子阻挡无法靠站。

我已看过地图，灰狗站离这里不远，气温不那么低，我的羽绒外套长抵脚踝，轻而暖和，脚上的高帮靴踩在积雪上柔软，时间还很充裕，决定步行去车站。

离开密歇根大道，朝南才走了两三条横街，突然就冷清安静了。我左顾右看只怕自己走偏路线。一位皮肤微黑的年轻混血女子问我去哪里，我告诉她去灰狗站，她热心地朝车站方向指点，我谢了她正要离去，她叫住我要我为她的指点给钱，我一愣，看到她咧开嘴笑时没有门牙，我突然意识到她就是人们传说中的吸毒者，急忙把口袋里的碎钱都掏给她，她嫌不够，我给她看掏空的口袋，她才让我走。

这个插曲把我从博物馆带出来的好心情给破坏了。又有一位女子问我去哪里，我摇摇头没有理，我开始忐忑，渐渐地，眼看街道房子变得破落，路灯和白雪互相辉映，有些惨淡，也许心情使然。街区难见路人，才七点多，怎么像在深夜？而我的头脑好像刚刚清醒，这车站不是在南区吗？人们不是说南区多住黑人，不那么安全吗？我怎么敢夜晚步行在此？

我越走越急几乎想奔跑，经过餐馆，才觉得肚子饿了，那间餐馆里坐着两个正在边吃边聊的白人女性，我也许应该坐进去，但我更想赶快进到车站里去，我打定主意去车站用餐。

然而，芝加哥灰狗站，与纽约四十二街的灰狗站大相径庭，小而落魄相，候车室只能称车站小厅，里面坐了两个流浪汉。离发车时间还早，此时还没有乘客，有一两个卖食物的摊位，但空气里有股难闻的味道，我无法在这个地方吃东西，退出车站，走回原路，我想去刚才经过有女子在里面悠闲用餐的餐馆。

我走回原路才意识到我又犯了一个错误，我不应该离开有工作人员的车站而让自己置身于不可知的南区街道，然而，我已快到餐厅，对食物的渴望战胜了恐惧。

此时店内几无食客，服务生是个黑小伙子，很 nice。我在他的介绍下，点了店里特色三明治，我得说，这是我到美国吃过的最美味三明治。因为美食，我对陌生的环境有了认同，我离开时餐馆陆续又来了两三位客人，看起来都很体面，出门再去车站，原先的惶恐消失大半，这里其实离车站并不远。

那晚，乘灰狗回到我们城里已是半夜两点多。从灰狗下来，涌上一群黑人，要把我拉到他们的出租车上，我从他们的包围圈里突围，走进空旷无人的停车场，突然笼罩的寂静，并且越朝停车场深处走越感阴森，我必须用力挥去浮现在脑中的场景，那些经常发生在美国电影里的停车场案件。我此时才想起了乔伊斯的嘱咐，她要我把车尽量停在靠外面，可我一路来虽然忐忑不安，做出的事都是缺乏安全意识的。

我找到自己的车子，用数码锁按开车门，刺耳的“哔哔”声在停车场格外响亮，我打开车门坐进车子，把钥匙塞进孔转动，真怕引擎发动不起来。还好，我顺利启动车子，从停车场慢慢滑到街上，那是另外一个出口，我一时认不清这是哪条街，我绕了两圈才认清回家的方向。一路开回家，竟见不到一辆车，在红灯前停下车，我发现自己在发抖。

回到家，儿子早已安然入睡，这一整天和他通了多通电话。我把从餐店为他带来的三明治放进冰箱，此时已经深夜三点，我必须吃点汤汤水水的东西，才会踏实。

我在厨房给自己做了一碗速泡面，在面里放了一颗鸡蛋，我把面端到长餐台前坐下，餐台靠着窗，窗外，对面街上的牙科诊所门口的路灯亮着，偶尔有一辆车从街上驶过。这世界安静得就像进入二次元，我轻轻吸着面，好像通过吸面让自己回到三次元的空间，我此刻很难入睡，我需要慢慢吞食消化这一路堆积的惊慌和焦虑。

这是异乡人的惊慌和焦虑，是对无法把握的环境的惊慌和焦虑，没有身临其境，怎能感受得到？

26

高中的老师们

学校每学期有两次家长会。开学不久的家长会，是让家长坐进教室，根据自己孩子这个学期读的课程，去不同教室坐一坐，与任课老师交流一下，家长们在每一门课的教室坐十几分钟，听课任老师介绍这门课的课程和测验考试方式。之后铃声响起，表示下课，课间五分钟，家长们根据手里的课程表和教室号码，去寻找下一节课要去的教室，那时各个教室的老师会站在教室门口迎候家长，而平时，他们是以这样的姿态迎候学生。

孩子将要听课的教室，家长进去坐一坐，并在课间匆忙交换教室，与不同老师见面，是身临其境去感受孩子的读书环境，这时候的家长还有点像戏剧演出前的走台，想象着将要到来的“演出”，竟有些兴奋紧张。

学期中间的家长会，则是另一种形式，在学校餐厅，老师们像摆摊位一样，每人面前放一张桌子，桌前有一块写着老师名字和课目的牌子，老师们的桌子摆满大半个餐厅，家长们可以轮流单独和老师交谈。

靠门口有五张桌子给五位 counselor ，有些家长比如我，会记不住老师的名字，counselor 便会帮我们打印一份有老师名字的课程表，于是你可以在整间大厅去找你要找的老师。学校的教导主任和校长也会出现在大厅，他们微笑着站在一边，观察着大厅的状况。

秋天我常回中国，有时春天也会出一下远门，并且假如没有及时查询学校网站，就会 miss（错过）家长会，因此高中家长会我缺席了几次，好在我与每个课任老师平时都有联系。

在学校大厅和老师交谈这件事，我有压力，仍然是因为语言问题。我不知道其他家长是否会去和本学期的每个课任老师见一下，我宁愿平时给老师写 e-mail 沟通，既然之前已经和老师有过交流，再见面也没有特别的话要说，尤其是见到美国家长们好像有许多话要和老师们絮叨，我顿感无语。

必修课老师的桌前比较热闹，常会排队，选修课，比如艺术类课老师桌前就相对空闲。有些老师遇上问题问不完的家长，这张桌子面前必然会排起长队。

我发现有个老师面前总是排长队，且排在长队中的大半是中国家长。一位熟人家长告诉我，他是 AP 历史课老师，AP 是指大学课程，也就是说这是一门大学程度的历史课。这位家长说，这门 AP 历史课老师的讲课非常吸引学生，是学校最受欢迎的老师，但他的历史课阅读量大功课多，修他课的学生每晚大部分时间是花在这门课上。

修 AP 历史课暂时还不是我们家孩子要考虑的，他先得对付好高中历史课。高中历史对于英语不够熟练的孩子并不是容易的课程，从中国来的孩子，数理化课不在话下，文科类的课是他们的软肋。

这天我排在 government（直译为政府）老师的队伍，这是一门有一定深度、帮助学生了解美国制度和政府体系的一门课，这门课是必修课，儿子似乎对这门课很感兴趣，貌似老师也经常让 O 奔表达看法。因此，我很想见见这位老师。

但见这是一位个子矮小貌不惊人四十多岁的白人男老师，的确口才很好，讲话滔滔不绝，我很难跟上他的节奏。他赞扬 O 奔也绝不吝啬语词，“有才华有想法有个性”，语调温度高，可用满怀热情来形容，可是儿子的期末成绩单上，这门课却是 B，“他打分很紧”，这是儿子的说法。

这一年儿子的化学老师是个漂亮堪比明星的年轻男教师，有一双梦幻的蓝眼睛和柔软的金褐色头发，听说我来自中国他很惊喜，因为他恰好对中国文化感兴趣。每一次小测验后，他都会给我发信，每一次发信都是“greeting（问候）”开头，用一种喜悦的口吻向我报告 O 奔的测验成绩。儿子本人并不以为然，数学和化学这类课对中国去的孩子很容易。

但是这位热情洋溢的年轻化学老师却经常在课堂上受到他的学生的嘲笑，他们背地里喊他 loser，因为他二十五岁年纪就结婚并有两个孩子，这些高中生认为，一个男人这么早结婚并有孩子是没有出息的表现。渐渐地，我突然意识到，最近没有收到这位老师写着 greeting 的 e-mail，我询问儿子，他说可能不小心把老师得罪了，原因是当有男生嘲笑老师引起哄堂大笑时他也一起大笑，这是否让曾经对他热情有加、好心肠却脆弱的年轻老师受到了伤害？

我从来没有见过性卫生课的老师，她是个老太太，当然这是儿子的形容，唉，他有时会把中年人看成老太太。这位老师在课上教学生们如何用避孕套，她带来一只香蕉进行示范，学生们用狂笑来取笑这只香蕉。

那位自称自己也很懒，阳光又自信的英语课老师皮特先生去教新生了。新学年的英语老师费恩先生从纽约来，他很年轻，睁着一双有几分疑虑的灰蓝眸子，给人郁郁寡欢的感觉，或者，仅仅是稚嫩不那么善于社交，还有点来到新地方的不自在，与大部分从小在中西部长大的本地老师不太一样。

这学期最后一天的最后一节课是英语课，费恩先生把学期的最后一次测验放在这节课上，引起学生们的不满。多话的男生大声发着牢骚，费恩先生孩子气地与学生口角起来，说，我真高兴我马上就要见不到你们，你们是我一生中最不想见的人。学生便说，我们反正总会毕业离开学校，可你却要在这里待下去。

这最后一节课，学校大部分班级的学生已经放了，他们在走廊里说笑甚至跳起了舞，费恩先生走出教室加入到走廊的欢笑里，跟着他们一起扭摆起来。做测验做得不耐烦的某男生坐不住了，起身在教室里走来走去，一位名叫丽莎平时喜欢管理调皮男生的成熟女生起身去阻止。在这间课堂，丽莎常常比老师更不能容忍不守规矩的男生，于是两人在教室围着课桌一逃一追，其他同学便起哄，丽莎一怒之下便去教室门口喊，费恩先生，你是不是我们的老师？你怎么不来管我们？

这情景是儿子回家后向我描绘，这天放学回来，他的心情可真好，做学生的都有点唯恐课堂不乱的幸灾乐祸。我脑中图景是学生丽莎和老师费恩先生的对比，想象着成熟女生对年轻男老师恨铁不成钢的样子，丽莎这个女生满教室追男同学的情景实在太可爱也太似曾相似了，那好像发生在不久前，儿子小学的八岁女班长就是这样追着同龄的O奔要他把作业抄写完。

其实费恩先生心肠很软，要是学生期末总成绩以0.05之差，便落在B分档，或C分档，跟费恩先生求一下，他就会把分数给拉上去。那可不是所有的老师都这么好说话。

学生们也是欺软怕硬的，见稚嫩的老师要欺负，遇到老师强悍便老实了。生物课老师维墨先生便是强悍型的，他剃光头，满身肌肉，儿子喜欢模仿他的站姿，维墨先生站直后，由于手臂肌肉发达，令他无法在手臂垂直时让手肘紧贴身体两侧,因此两条手臂垂直时是呈弓形状,就像黑社会的保镖。当然，这是儿子学给我看的姿势，我并无机会看到维墨先生的站姿，儿子还手掌托胸形容维墨先生的乳房，说维墨先生的“奶（其实是胸肌）”很大，穿T恤就像女人，他如此这般描述的维墨先生夸张得像动漫人物。我实在很难忍住不笑，尤其是，眼见儿子对维墨先生的身板如此感兴趣，其描述并无嘲笑的意思，因此愈加显得好笑。

维墨先生年轻时是出色的橄榄球队员，他来自一个只有百多人的小镇，那小镇只有一家杂货店一家咖啡店。维墨先生年轻时过于热衷运动，读书就差了一点，他的高中成绩不够去州立大学，便去社区大学，两年之后再转州立大学，在州立大学跟不上趟，拢共读了十年书才把大学本科毕业文凭拿到手。这也是听儿子说的,真的要读十年吗?“他真的读了十年,是他自己说的。”儿子反复强调，时不时要把这个“十年”拿来说说。

但在美国考教师执照也不是说考就能考到的，所以，你任何时候努力都不晚！这些属于维墨先生本人浪子回头的故事，都是他经常要和学生聊的话题，我很感动，虽然他的没心没肺的学生会拿读十年大学这件事在背后嘲笑他，比如我儿子。不过，他只是用嘲笑的口气，也许心里并非这么觉得，要不他为何老提起维墨先生？以他的个性，越不喜欢的事和人越不想说。

维墨先生曾去欧洲参加会议，他很珍惜这唯一的出国机会，预先做足功课，查好各个值得一去的景点，利用休息时间抓紧外出参观游玩。他不愿花欧元坐出租车，而是靠健壮的体魄和两腿用短跑速度跑去各个景点，再飞奔回会议场所，只是那一身汗和汗味在西装革履的与会者中间太不体面了，这也是维墨先生自己告诉学生们的。

这个来自中西部偏僻小镇的男人，按照儿子描述，有点偏执。说好交作业的时间，你就不要想什么花样晚交，再多理由恳求也是零分，要是惹他发火，他铿锵的金属嗓门，配上他的光头和凹凸不含糊的肌肉，对这些总是喜欢嘲弄人的高中男生有相当的威慑力。他们都相信，要是敢对他不敬，他决不会姑息这帮 teenage，他那肥厚的大巴掌可不是吃素的。

有次和维墨先生见面，他约我早晨六点三刻之前在教室见，之前就听儿子说，维墨先生每天五点就起床，总是早早到学校。他约家长见面都是在早晨。我因要早起反而睡不着，也早早到学校，维墨先生已经在教室，正在摆放课桌椅，我隔着门上的窗玻璃看着他像检查军纪一样对着课桌椅横看竖看，要把它们摆放到没有丝毫差池，好像，是有那么一点偏执。

他的体魄的确很运动员，假如年轻一些。现在的他已近中年，他微肿的眼帘遮住大半的冷峻的眸子，和他的光头再加上那身无法忽视的肌肉，的确有点像银幕上的黑帮角色，这样的形象很吸引男生，至少，会引起他们的关注，所以我儿子这样的男生竟然会认为他如果真的发脾气是会揍人的。事实上，他是个话不多但正义感强烈处事认真的男人，是个绅士，对女人多礼，这是我和他十几分钟会面的感觉。我很想告诉他，他在课堂上讲述的有关他自己的屌丝风格的故事也很打动我，可是他的不苟言笑让我也拘谨了。

音乐课属于艺术类课程，学生每学年需修一门艺术课。这个学期的音乐课有男生低音合唱，O奔不太乐意参加，选修不过是为了完成艺术课学分，尽管他总是自嘲，参加合唱队的都是学校的loser，却也在里面待了两年。我完全无法判断唱歌是否让他英语口语更流利，因为我没有机会听他讲英语，但至少这是一门令他快乐的课程。

儿子的男声低音合唱班一学期要上台表演两次，这舞台在学校的大剧场，和低音合唱班一起演出的还有更高一级的多声部合唱团，也有其他学校的声乐团，学校剧场超过千人的观众席竟人满为患。观众们以学生家长为主，有些家庭一来十几口人，除了父母还有父母的父母，除自己的兄弟姐妹还有父母的兄弟姐妹，有些家庭父母离婚又各自结婚，因此父母的两个家庭都会兴致勃勃来做观众。

男声低音合唱班的指导老师荷门先生也是全校的声乐课老师，他个子不高身形羸弱白肤金发脸孔清秀，他的形象和他的音乐职业很一致。他对学生温和但在演出前却有点神经质，演出前最后一刻的排练，他总是很焦虑，对学生的各种疏忽草率他会发脾气，那时他们才害怕了，“我怕他会气得昏过去！”儿子这般形容说，神情是真在担心。可是，昏过去的是学生，也许后台人太多有点闷，站立时间太久，每次，总有个把合唱队员在演出前昏过去了。

这些事从儿子的角度叙述总有点搞笑，不像真的。

低音合唱演出服装是西式黑色长裤白衬衣配领带，多声部合唱团的男生要穿黑西装，女生穿长裙，多声部都是十一年级以上的学生。这两支合唱团其实就是他们不同程度的音乐课，男生进多声部之前必须经过低音合唱的训练，儿子更想从低音合唱转到多声部，可是荷门先生虽然很温和，在这点上却很固执。O 奔必须从低音合唱唱起，一定要认真训练，唱到荷门先生认可的水准。

从音乐系声乐专业出来的荷门先生，将训练学校合唱团当作自己一生事业，倾心倾力，一丝不苟。只要看看每次演出坐得满满的剧场，便可知这些家长跟我一样，发自内心喜爱这合唱演出，当然，这也跟自己的孩子在里面有关。

每一次低音合唱的男孩们走上台时，都会引来女生们的尖叫，荷门先生打着响指，可爱的稚气十足的男孩们跟着他的节奏唱起了爵士，他们摇摆着身体打着响指，女生们的叫声更疯狂了。爵士歌之后是艺术歌曲，天哪，他们唱起了舒伯特的《魔王》，一个瘦弱的亚洲男孩站出来领唱，我的眼睛有些湿润，我觉得应该买束花给荷门先生，是的，每次去学校剧场听男孩们唱歌，我的眼睛总会湿润，就像我坐在学校体育馆看儿子打球，我想，这便是我想象中儿子应该经历的少年生涯。

儿子的历史课总分只差 0.05 分便能上一个档次，由于这直接关系到学年总分，而学年总分关系到申请大学，按照有些家长传授的经验，这时家长应写邮件给老师，恳请老师给学生加分机会。我写邮件问历史课老师，有无可能给 O 奔机会，让他的分数再上去一些。老师回信说，最后一节课很关键，最后一节课表现好，就有机会增加分数。

这历史课的最后一节课？是让每个学生带一个菜去，老师要求菜肴必须来自北欧瑞典。

瑞典有些什么菜肴呢，儿子问我，我也不知，但不是有 google 吗？我们一起上网，浏览后决定做一份看起来不那么复杂的瑞典肉圆。只是这瑞典肉圆配料里有些食材没有对应的中文，于是便电话我的朋友，这位朋友是我前面提到的生物系教授，擅长烹调。她煮菜的态度跟做实验一样，严格按照食谱配方，且食物是和容器相配，要是做中餐就用中国瓷器，做日本料理用日本瓷器，做西餐便用欧洲瓷器，所以去她家吃饭，享受到的不仅是口福。

问她果然没错，她甚至指点我们去超市哪些架上找调料，尤其是奶制品，其中发酵奶不同品种必须买对。总之,准备过程繁琐,儿子提出不如去买现成，说老师没有说过非要自己煮。嘿，怎么不早说呢？我嘴上却说，自己做才有意思嘛，你至少知道怎么做瑞典肉圆了。可是他说，我以后绝对不会去做这么麻烦的东西。

做了够一个班同学吃的肉丸子，夜已深，儿子刚睡上床，又想起次日在课堂吃肉丸子，没有刀叉盘子怎么办，于是我们两人深夜十二点开车去 24 小时营业的超市，由他挑来一堆塑料刀叉和一叠纸盘纸杯，顺便买了够一班人喝的饮料。

次日，儿子回家说幸亏买了这些餐具，因为其他同学都只带了食物而忘记带餐具，老师为此感谢他。关于肉丸子，他说，只有老师大力称赞，也有同学并不喜欢，觉得味道有些怪。

当然，这最后一节课，带去的餐具比菜肴更加分吧。

那段时间我的脚受伤，没有去学校开家长会，失去和这位女教师见面的机会，可她别具一格的最后一堂课，让我记住了这位历史课老师。

27

付费当口

我们已经预先知道美国人平时很 nice，乐于助人，绝不吝啬于“给予”，但在付费时，面对钱，却没有任何人情上的障碍，“亲兄弟明算账”，绝不含糊，然而亲临其境，仍然让我颇感意外，或者说产生小小的“shock（休克）”。

且不说驾校教练福瑞德虽然和我相处愉快，却从不肯给我打折，对于他教车小时价格比前一任教练贵十美元，我常要嘀咕。他并不多做解释，因为我可以不雇用他（可我又不得不雇用他，因为前一任的差劲），每次练完车结账，总是不甘心地要与他讨价还价一番，却从来以我认输告结束。如此毫无内疚感的斤斤计较，我也不怕难为情，奇怪的是，这样的结果，我也并没有不快，他也绝不会尴尬。

收到美国朋友本力德发来的 e-mail 告知星期日是他的生日，那天剧场有下午场的戏剧“Piano Lesson”，问我及众人（因是群发给多位朋友）是否愿意前往看这出名剧以庆祝他生日，我欣然回应，觉得这生日聚会别开生面。然后少不得为送生日礼物费一番心思，考虑到朋友喜欢甜食，便去 down town 的巧克力专卖店选了各款巧克力，由店员做了精美包装。生日当天寿星带着女友开车来接我去剧场，见礼物十分欢喜，立刻接下。

我们一行先到剧场，本力德已订票，到窗口付钱拿到一长条十几张票，票价是 18 美元一张。他拿着票和女友站在剧院门口，朋友陆续到来，只见本力德把票子撕下一一发给朋友，他们则即刻拿出皮夹递上钱，这一位则忙着找钱，一时间寿星周围聚集一堆付钱拿票等找钱的朋友，或者说观众，这一来这位寿星颇像上海剧场门口倒卖热门戏票的“黄牛”。

这场生日观剧并无特殊之处，无非是这些朋友到来时对着寿星道一声“生日快乐”而已，并没有人送礼。不知为何，我就是无法在剧院门口与寿星算钱。我是在回家路上拿出戏票钱给寿星，但他拒绝了，他本是中国通，我的女友是中国人，所以这一刻他对我是用中国的人情方式，不过几天后我又立刻请他吃饭，算还戏票钱吧。

后来遇到本力德的另一华人朋友，说起本力德的生日聚会，她说前些年也参加过他的生日，那次是被邀请去酒吧

“到了酒吧才知道是各人买自己的酒付自己的账，跟平时去酒吧不同的是，一齐举酒杯，对他喊一声，生日快乐！”

朋友呵呵笑着，表示见怪不怪但也有些不以为然。

这位朋友在美国生活几十年，请朋友吃饭，谁要是抢着埋单，她会不高兴。也就是说，她仍然保持中国人的待客方式。

劳拉是我的好朋友，经常约我一起去看电影。不过我仍然记得第一次站在影院售票窗口一秒钟的尴尬。第一次买票时，我跟随她走进 mall 里的电影院，她熟门熟路已先我站到售票窗口，报出电影名字和场次，把信用卡递给售票员，当她拿了她的一张票把窗口让给我时，我愣了一秒钟才反应过来，赶快把钱递上买我自己的那张票。此时我才明白，她约我看电影并不意味着请我看电影。当然，美国朋友约你吃饭或看电影，通常都是各付各的账，除非她强调，是我请客。

这之后，劳拉再约我看电影，我反而觉得很轻松，没有任何人情压力，我们各付各的账，不用客气来客气去的。然而这并不意味着劳拉为人小器，她也请客，且请的都是好餐馆，有时还开车几十英里带我去外城的名餐馆，但这种时候，她一定预先强调是她付费。

事实上，我和劳拉之间，AA 制和互相请客，是保持在一定的节奏上，我们都不想给对方有欠情的压力，但也会找机会款待朋友。那种把你的客气当福气的美国人，通常都是发生在没有稳定收入的年轻美国人中间。

其实，之前本力德生日，如果知道是自己付费看戏，我也用不着花时间花精力去为他买生日礼物，这样的生日聚会似乎更没有负担。

星期天中午，邻居乔伊斯夫妇和他们的朋友一起去餐馆午餐，有时约我一起去，当然，都是各付自己的账。美国餐馆服务生有一项本事，他们通常记得住每人点的餐，到时，各人的账单交在各人手里，不会出错，每个人再按照该付的餐费算出小费。

有位国内来的年轻女学者告诉我，她这是第一次来美国，已经被美国教徒带进美国教堂做礼拜，认识了不少美国人。有一次，一位美国教徒朋友约她一起外出用餐，美国朋友出于好心，但带她去的所谓东方餐馆并非是国内朋友想象的东方风味，女学者点了一碗汤面，却不合口味所以剩下大半，结账时各付自己的账（服务生将账单放在各人面前），她这碗面加小费十美元。她说自己当时没有准备，觉得要为这碗难吃的东西付费心里不舒服，说，以后不会随便答应美国人一起上餐馆。

不过，华人朋友之间，仍然是中国方式，外出去餐馆是请客方式，从未见他们 AA 制。国内时尚达人们，倒是非常接受 AA 制，最近几年，朋友们结成美食帮，以 AA 制方式，遍尝城里美食。

丈夫去欧洲巡演给儿子买的运动鞋，他穿一阵脚大鞋小了，同学很喜欢想买下，给出一个较高的价格，这鞋卖出比买来贵，儿子开心地卖了。我知道后让他把钱还给同学，觉得一双穿过的鞋同学喜欢就送了，但美国同学之间的物品交换买卖也是美国文化特点，在这种环境下，儿子当然肯卖不肯送，但还是还了一半钱，因为我吓唬他，人家家长知道会来找我们。

几年后儿子进了大学，与美国同学合租一套公寓，一人一间卧室，但客厅合用，会为了一些费用分摊，之间也不时有把身边物品作交换的买卖，儿子便发现美国同学把钱看得很紧，说他们小器，想起当年把到手的钱还回去觉得傻。我告诉他，这不一样，当初那个同学也是个孩子，不懂事，收他太多钱不公平，现在的同学钱看得紧，是因为他们的零用钱不是父母给的，是打工赚来的。

可是，“亲兄弟明算账”一旦进入情感关系仍不那么令人好受。

我一位女友在上海时便已经很“洋派”时髦，二十岁移民美国至今已超过二十年。她离婚后有过三次订婚经历，且对方都是美国成功人士，但最后都没有结成婚，其障碍便在结婚前夕对方给出的婚前协议合同。

由律师参与的合同对婚后财产有多条明细，细到诸如孩子搞派对由谁出钱，朋友送的礼物去退还钱进谁的账，等等，简直到了斤斤计较锱铢必较的地步，令她热气腾腾的感情似被一瓢凉水浇灌，当初弥漫在恋爱关系中的浪漫，更是在讨论合同是否公平的一刻消失殆尽。

女友因此怀念当年的同胞男友，在钱财上对自己的女友慷慨，是他们表达爱意的方式，恋爱期间外出消费多半男方埋单，结婚时更是“你的就是我的”了。

我这位女友认为，她并不贪图钱财，她说，“要的是感觉嘛”。

美国的男性华人又是怎么说的呢？我有两位在美国事业颇有成就的上海旧日同窗，他们都晚婚，所以结婚时已积累丰厚，但都没有与新娘订合同。

“既然走到结婚一步，又何必与她计较财产，为这种事伤感情才不值得。”

这是他们的观念。你看，即便生活在“斤斤计较”国度多年，仍然不习惯“斤斤计较”，这文化差异已进入基因，难怪人们到异国有“文化休克”一说。

28

脚伤的日子

体育课有一项测验是测量运动后的心跳，每分钟不能低于130。儿子有心跳过缓的问题，所以体育老师规定的这心跳数他达不到，因为这项测验难倒了儿子，他便拒绝上体育课，可是体育课学分拿不到，以后就不能毕业。我去见体育老师，要求他为O奔的特殊状况酌情降低心跳数，但是体育老师要求我带儿子去找医生开证明免去他的体育课，而我本来的意图是让他继续参加体育课，只是测验时放宽心跳数，然而，老师执意要我们去医院开证明。真是，问题原本简单但沟通起来困难。

看一趟医生很麻烦，要跟医院预约，还要跟学校请假，假如看病时间和上课时间冲突。虽然知道不应该怪老师死板，他是按制度办事，但心里还是窝着无名火。

不过医院方面没有拖时间，次日便安排就医。我有点担心是否开得到医生证明，儿子小时候因心跳过缓看过几次急诊，医生认为是功能性的，不用特别治疗。假如开不到证明，而我又不想让他在体育课上冒险怎么办？就这么操心着，从医院停车场出来时，脚在街沿上拐了一下，当时剧痛无比，我忍着痛朝儿科走去，只想赶快把这件看起来不大却让我心烦的事解决。

主治医生爱琳娜立刻给儿子听诊，说的确心跳缓慢，她又让他去做了心电图，是窦性心动过缓，她立刻给O奔开了证明，一边说，我真不明白这位老师为何有家长证明还不够，非要让你们来一次医院，为什么家长证明他可以无视？爱琳娜有点生老师的气了，却让我窝着的无名火立刻消了。

我不知道我是如何走出医院的，那脚痛得我都快发心脏病了，我应该立刻去挂急诊，可心里还存着侥幸，也许只是扭伤，但又觉得这不像扭伤。

我回家后给当过外科医生的任大夫打电话讲了我的状况，他让我在伤处敷冰块消肿止痛，说百分之九十九是骨折，次日他立刻帮我约了骨科门诊，邻居乔伊斯载我去医院。到医院时，任大夫已经帮我借了医院的轮椅等在门口。

给我看病的骨科医生很年轻，也不太有经验。第一次片子没有拍到位，因此从片子上他认为看不出问题，但任大夫指着片子中一粒小小的瑕疵与骨科医生轻声交谈了一番，于是调整拍片角度，又拍了一次片，这次总算把隐藏在左脚侧面里的一根细小骨头的折痕拍到了。

我有些意外美国医生最初的失误，但任大夫认为，这类骨折在中国是常见病，这方面中国医生比较有经验，显然，美国医生常见病的经验没有中国医生多，但美国医院对疑难杂症的诊治比中国先进。

几次进出医院，任大夫都会感叹说，美国大学医院的医生工作辛苦，是个奉献的职业。我也从其他朋友那里得知，医生们尽管薪水丰厚，却未必有幸福生活，他们特殊的工作时间，有些医生妻子无法忍受提出离婚，美国女人不会因为丈夫有高薪就满足，她们更看重家庭生活质量。

石膏室医生拿出不同颜色的石膏布样片，让我挑喜欢的颜色，这让我稍稍愣了一下，原来石膏也是可以五颜六色非常多彩，我挑了一款天蓝色。十天后换石膏，我挑了一款更亮丽的秋香绿，那款颜色让我在停车场受到称赞，有个女子在远处朝我招手，大声赞美我的石膏颜色。

在我绑石膏的时候，乔伊斯已经在为我打听如何租借拐杖。

从医院出来，乔伊斯开车直接带我去当地一家大超市租借拐杖。她把我放到超市门口，先去停车。我站在超市门外倚靠着墙等她，脚上的石膏像一只厚厚的涂了塑料层的木头靴子，这样，脚可以搁在地上，全身分量是靠好的腿脚支撑，只要有支撑倚靠，站立完全没有问题。

但是，这只绑石膏的脚太引人注目，进出超市的美国人都会上前问我是否需要帮助，可以说，无一例外，每一个人，即便是个自己腿脚也不太方便的老年人也试图来帮助我。最有意思的是，有个女子执意去推来一辆有轮椅的购物车，我告诉她我不购物，她说，你站着累，坐一下也好。

在这间超市，我付二十美元便能租一对拐杖，柜台的服务生顺便帮我把拐杖的高度给调整好，并要我保留好收据，还拐杖时可拿回租金。从那之后，我才对这些现象有了感觉。比如，超市有专门为残疾人准备的有轮椅的购物车；所有的商场超市最靠门口的车位都用蓝线画出轮椅，留给残疾人，随便占据罚款高达两百美元；进出任何公共大楼，都有让轮椅进出的坡道；公共厕所有为他们留出的宽大的隔间；坐轮椅的残疾人可以独自出门，上巴士有专门的升降门。

乔伊斯一路陪着我看病绑石膏又去租了拐杖，到家已是下午三四点。那天她的时间都奉献给了我，晚餐也是她给我送来，她最拿手的烤鸡肉拌米饭，配了前菜蔬菜沙拉，饭后甜点是她自己做的桂香蛋糕。次日，劳拉送来她做的午餐，鸡排配芦笋，还带来她新发现并立刻爱上的中国大陆产的辣调料。

医生关照石膏要绑六个星期。此时，刚回中国不久的丈夫正带领团队在上海排练，之后将带着他的当代剧场去欧洲巡演，也许可以请家中其他亲人过来照顾我，但申请签证有个过程，还有一个半月学校就放暑假，我和儿子回上海的机票都订了，不过就是六个星期而已，我想先试试看，能否靠儿子和我自己把这六星期给混过去。

我发现，有了拐杖，除了上下楼梯不方便，其他事我都能做，包括开车，因为是左脚有伤，开车只需要用右脚。事实上，我不用自己开车，儿子已经考出驾照，他可以自己开车上学，也可以载我去任何地方假如需要。

同胞朋友们知道后陆续来看我，带着吃食，因为脚伤，我可以心安理得休息，那些日子家里的聚会陡然多起来。我在厨房放一把椅子，我受伤的腿弯膝搁在上面，便可以煮食，聚会时我至少煮个米饭煲个汤。其实，人是有极大的适应性，我发现厨房有这把椅子搁腿，我又回到每天自己煮食的日子。冰箱里塞满了食物，都是朋友带来的，至少，几个星期内我是不用去超市了。

我脚伤以后，早晨儿子自己驾车上学，也不用我三番五次喊他起床，当起床闹钟响起时，他总会在隔壁房间向我喊话，你不用催我，我不会迟到。他的意思是他还要在床上赖一会儿，但也真的在应该离开的最后一分钟离开家，我的行动不便，让我不得不放手了。

好几个月前劳拉告诉我，她的腿需动一次手术，由于医疗保险限制，她只能在医院住三天，虽然那是个不小的骨科手术，我当时答应她，在她刚出院的两天，我给她送吃食，她好感激，认为是对她最大的安慰。

谢天谢地，我的脚骨恢复神速，她手术日子到来时，我脚上的石膏刚拆去，医生配了一只特殊的被称为助步靴的靴子让我穿上，以帮助伤脚恢复行走。这只靴子的靴帮高达膝盖，黑色厚绒面内衬锦纶棉，外面裹一层坚硬的黑色塑料支架，像一只被黑色脚手架围住的细长筒子，靴底是厚橡胶。当我的脚伸进这只靴子，用带子绑住后，仍然像被裹在石膏里，不同的是，这只脚可以踩在地上行走了，虽然，才六个星期，我已经失去行走能力，这时候的我，仍然需要拐杖支撑。

不过，我早已经学会带着拐杖做家务。我没有食言，在劳拉出院第二天就给她煮食，那几天儿子参加音乐课旅行去了东岸，我便自己开车给她送菜，夸张的是，我们两人各支着拐杖在她家门口互相打量狂笑不已，怎么竟有这么狼狈滑稽的情景出现呢？

是的，伤痛未必是坏事，它让我感受到朋友们的友情，让儿子可以脱离我的搀扶独自朝前行走，也让我为未来写作获得另类体验，除了让我失去一年中最美的五月，无法在如此馨香的天空下漫步，心中不无遗憾。

然而，心中仍有喜悦，为了自己开始适应不能自如行走的生活。未料，又有新的状况发生。

29

噩梦般的杀虫记

儿子身上瘙痒，有小红块，以为是过敏，抗过敏药是处方药，必须去医院。那几天爱琳娜不在，为O奔看病的是位年轻女医生，她也觉得症状像过敏。仲春，到处是花，这个季节就是过敏季，很多人对花粉过敏，她便开出抗过敏药，处方送去药房，几天后才能拿药。

接着我也出现同样的症状，我觉得有点蹊跷，我这些日子脚受伤不能出门，接触不到花粉，家里的食物属于日常食谱不可能突然发生过敏。

这时有朋友告诉我，最近有些区域出现 bed bug，一种滋生在席梦思床垫里的臭虫。我突然想起，冬天时也曾听说，我们这个小区有幢楼发生过

bed bug。当时都认为，是学生在外面拾了旧床或旧家具才会带进来 bed bug，所以觉得这种状况不可能在我的住处发生。

药房来电话让我去拿抗过敏药，于是我和儿子一起服药，红块伴随瘙痒症状一起消失，便又相信是过敏。

有个早晨是阴天，我醒来后开亮台灯想看会儿书，突然发现沙发床的扶手上有一粒小虫爬过，我头皮立刻发麻。床上怎么会有虫呢？公寓里从没有任何昆虫出现过，因为，每隔几星期，便会有杀虫公司的人到公寓厨房的暗角放些药，沙发床上的虫，难道是 bed bug？我不敢想下去，我的手已经先于我的意识捉住小虫，我把它放进小瓶，这虫的体积不比蚂蚁大，圆圆的身体有一层硬壳。我给租房办公室打电话报告虫情，他们立刻电话杀虫部门，当天便有人上门，是个胖胖的中年汉子，他身上背着药水罐，看到我收集的虫子毫不含糊地指出，这便是 bed bug 。

我当时并不知道，这虫子经常会在美国不同地区大暴发，一旦染上，很难赶尽杀绝，有些脆弱老美因此精神崩溃万念俱灰甚至自杀，传说张爱玲晚年到处搬家就是为躲这 bed bug。总之，万幸的是，在虫子骚扰期间，我在各种忙乱中，没有去 google，不知小虫威力，精神上未受到恐吓，因此，在半月左右的灭虫过程中，总是以为除虫在即，按照儿子说法，老妈满身正能量，什么事都只想到最好结果。

事实上，我一向最怕昆虫，怎能不烦恼焦虑？只是理智尚存，令我没有从此扔了美国，带着儿子逃回上海的家。

应该庆幸的是，由于服了医生给的抗过敏药，儿子和我虽被虫子咬过，但服药后，瘙痒症状便退了，灭虫过程中，偶然也会出现几个肿块，身边有一瓶新加坡产专门对付虫咬的花草涂剂，也非常管用。因此，对虫子的害怕和焦虑要超过虫咬本身带来的伤害（我后来在网上看到，发生在其他州的bed bug，情况严重得多，让一些向私人租房的留学生遭够了罪，浑身肿块不愿见人，等意识到是bed bug已经是好几个月以后）。

当我以后在网上看到那些留美学生如何用各种土法除虫，饱受折磨，我得说，自己的这段遭遇是不幸中的大幸。所以，还应该庆幸，由于通过公司租房（后来儿子读大学在外面租房，我力劝他通过中介公司租房，虽然有点贵，但遇上麻烦，有公司帮助解决），灭虫是公司的职责，灭虫费用由他们负担，重要的是，我不至于孤身奋战。

这天，这位杀虫公司的胖汉子让我做些准备，隔天来杀虫，按照他的要求，似乎被子衣服等所有可能隐藏小虫的东西都要喷药水，当然，重点是两张床的席梦思床垫。我的沙发床没用席梦思，床板是铁制弹簧藏不住虫子，铺在弹簧上的厚褥垫立刻被我扔了。儿子的床和席梦思还很新，不可能扔，便让胖汉子在席梦思上喷了药水，好在天很暖，他可以睡在客厅的长餐台上，至于那些被褥枕头衣服等，喷过药水后都必须拿到洗衣房清洗烘干。

于是，从下午到深夜，洗衣房的大号洗衣机至少洗了七八筒衣物，还要进烘干机。我脚伤，洗烘的事归儿子管了，他上上下下，算了一下，有二十多次，时有不耐烦发着牢骚，终究还是把所有该洗的衣物都洗完烘干。

虫子并没有被药水杀死，我从已经竖起来的沙发背面发现未死的虫子。杀虫师傅便又来喷药水，每次喷完药，便是一阵忙乱，简直是噩梦。天气很暖，被子暂时用不着，我索性把被子扔了，既然被子扔了，枕头更应该扔。

那年我单元对门的韩国男生已搬走，换来一对中国姐妹，这对姐妹中的妹妹有个香港男友，是个有礼貌的男生，进进出出遇到我总客气打招呼。有一天清洁公司开了卡车来他们公寓清洗地毯，只见里面已空无家具，那天正好香港男生出现，我才知道他们已搬往新的住处。说起 bed bug，他说他们房间早就发现，从冬天开始，已经折腾了两个学期，不由地，我们一起朝我旁边的单元看去，这间单元以前住两个苏丹黑人，现在是个单身白人女性。最近一段时间，她的房门口撒了一道厚厚的白粉，我一直有点好奇，但因为她总是紧闭双唇不跟任何人招呼，也就只能让自己忘掉这个困惑，现在恍然明白，那是药粉，显然她也遭受虫子的困扰。

香港男生告诉我，杀虫公司用的药水已被稀释，是顾忌对人造成伤害，因此杀虫效果不佳，他说他自己买了浓度高的药水才算把虫子杀死。隔天他又来了一次，特地给我送来他们用剩的半瓶药水，那时已经离暑假很近，他建议我，回中国离开公寓前再撒这些药水，因为毒性大。

我给租房公司经理打电话，投诉他对楼房里 bed bug 流行保持沉默，没有及时告知，但他说他并不知这件事，又问我，你又怎么知道是 bed bug 呢？我说我已抓到虫子给了杀虫公司，他却认为 bed bug 神出鬼没，不可能让我抓到。这就奇怪了，难道我抓到的虫子是谁送我的？这个经理是我在美国遇见的最让人不爽的美国人，难怪他的公司雇员都做不久，那天香港男生也提到，说这个经理人品非常不好。现在这位经理对我说，如果我想搬走他倒是同意的，虽然租约未到期。

我有点没辙，搬家这件事根本无法考虑，找合适住处不容易，而你也很难确认其他地方是否有 bed bug。就像香港男生说的，这位经理的确很难搞，除非找律师告他，否则是没有办法让他赔偿损失之类，因为有朋友认为，经理应该免去我一两个月的租金。

这时有朋友告诉我，她女儿在纽约租的房也出现了bed bug，然后又获知，我们州府城市得梅因有栋大楼因为流传bed bug厉害，整栋楼封闭后，用蒸汽将虫热死，这方法好是好，但非常昂贵。租房公司怎么肯用这么高端杀虫法？

我搞不清这位经理是否有责任，也没有力气和他理论，此时，杀虫公司的胖汉子在我客厅的地毯上看到一瓶清洗厕所的消毒水，他不高兴了，认为是我用消毒水清洗了他喷在家具上的药水，“所以这虫才杀不死！”他得出这个结论。

我告诉他，正因为他的杀虫剂没有喷到沙发暗角，我才想用这消毒剂去灭虫，也许这番解释太复杂还涉及我不会的单词，他便去租房公司抱怨。于是工作人员电话我，把胖汉子的意见又说了一遍，于是我也把我对胖汉子的解释再讲一遍，工作人员表示同情，她说她能做的事，便是让那个我不想见的胖汉子再继续过来杀虫。

但胖汉子没有来，而是换了他的徒弟，一个温和的白人小伙子，他比较肯花力气，喷药水时翻动沙发床很勤快，不像那中年汉子，因为自身体重过重而不太愿意搬动东西。

有个在美国生活多年的朋友曾抱怨说，天下乌鸦一般黑，意思是，在中国遇到不讲理或让你不爽的服务部门，在美国也会遇到。但我觉得，即便遇上租房经理这种比较不nice的人，或者工作不那么卖力的胖汉子，我仍然觉得这样的人在美国还是很少遇到，也许你会发现有些人很死板难通融，有些人心里藏着偏见，但绝不会公然地不讲道理，绝不可能习惯性地冷淡甚至蔑视其服务对象。

看来我等不到暑假了，我在我沙发床的背后又发现虫子的痕迹，同时，我发现，儿子睡长餐台，我睡他的床，好像没有再受虫子侵害，必须把这只沙发床扔掉才是上策。五月，正逢大学考试和毕业，我得等考试结束，想法找学生把沙发床搬出去，然后再考虑重新弄一张床。为干净保险起见，最好买新床，不过新床很昂贵，而且儿子还有一年就毕业了，可是，一年也是日子。怎能委屈自己！

那段时间，朋友新彦刚通过论文答辩在找工作，常与我往来。她出生于台湾，父亲是大陆去台湾的军人，早在我参加国际写作计划期间，新彦就邀请我们去她授课的班级与学生交流，这些年她一直在传媒系读博士。

新彦的经历很有某种代表性，她来美读博前在陈水扁助选班子工作，当然支持民进党，虽然她父亲是国民党老兵，选举时她搀着老父去投票，她投民进党父亲投国民党，成了那年电视新闻的一个经典画面。父女感情非常好，却无法在政治观点上一致，她讲起和父亲那些冲突真是有声有色，对去世的父亲的怀念也常让她泪水涟涟，这位皮肤白皙眉眼秀丽很江南系的女生，感性热情视野宽阔三观正，是我在当地最谈得来的朋友之一。我脚伤期间，她刚通过论文答辩突然就不那么忙了，便隔三岔五来看我，带着她喜欢的各种小食和我感兴趣的台湾政治话题。

礼拜天早晨突然接到新彦电话，她兴奋告诉我不用买新床，她认识的女博士生毕业要回台湾，她的床可转给我用，这张床两年前才从家具店买来，因为是爱干净的女生，床被她保护得很好，仍然很新很洁净，这女生只要求找人帮她把床运出她的公寓就算是交换，因为那天是她租约的最后一天。而兼职做助教的新彦已经找来她的一对学生夫妇，让我儿子过去一起帮忙，把女博士生的床直接搬来我公寓。

趁着人多有帮手，终于解决了我的心病，把那只又重又大的沙发床搬到楼下停车场的垃圾桶旁，虽然搬运过程一波三折，中间曾以为这只庞然大物从此会卡在楼梯拐角再也动不了，而我脚伤未愈帮不上忙。之后，新彦从停车场上来告诉我说，我们小区不止一家住户把床扔出来。

扔了沙发床，再也看不到虫子痕迹，但心里总有点担惊受怕。暑期眨眼到来，我和儿子回上海临出门前，按照香港男生吩咐的，将他那浓度很高的杀虫药水，洒在地毯和房间的各个角落，我们将离开两个月，回来时，想来这毒性早就挥发。

我回上海后，给租房公司发邮件，要求他们继续请杀虫人员去杀虫，以保证我回去以后不再有虫害，他们一口答应。我把钥匙留给乔伊斯，麻烦她在我们回来前夕开两天窗。

我们回美国那天，本和乔伊斯夫妇来接机，乔伊斯已把我床上所有的东西都拿去她家清洗烘干，她说，不要担心，不会再有虫子了。

我们很快又回到正常的生活节奏，那段杀虫经历因为回了一趟上海而变得很遥远，我睡在新彦帮我找来的床上，不再担惊受怕。可是我很失落，因为新彦在堪萨斯州找到教职，她搬离我的城市，在那里开始新的人生。

30

女性聚会

因为乔伊斯，我也认识了她的几位女性朋友，苏、简、派迪，她们每星期四中午相聚，也称之为Bible Study。事实上，这更像女友们的小聚会，两小时的相聚，一半多的时间是在喝咖啡吃点心聊天，聊聊她们各自生活中的小变化，花园里的小种植，最近的小旅行，然后才读一小段圣经，做一下祈祷。

星期四的女友聚会经常在苏的家，苏是个爱说爱笑性格外向女子，她年幼时和家人一起跟随当军官的父亲住在日本等国，有个爱写诗的母亲。父亲的古板严厉使这个娇小的长着一张娃娃脸的女生性格叛逆，她很年轻便结婚，又很快离婚，这对夫妇离异的事被附近教堂得知，教徒们试图接近他们，最初，他们两人都排斥反感被传教，尤其是年轻前夫，将教徒赶出家门，可最终两人先后皈依基督教，之后又复婚。

如今苏和丈夫因信仰和价值观的相同而情感关系稳定，他们的三个儿子也都成家并有了自己的孩子。在苏的客厅里，最引人注目是那张放了许多张家庭成员合影照片的梳妆台，同样，在乔伊斯家，也专门有一堵墙，挂满家庭成员照片，从中可窥见美国人的价值观，family（家庭）至上。

苏家的 house 在四面环林的山谷，山谷中间是草坪湖泊，是传说中的庄园吧？这是一栋里里外外都凸显着维多利亚风格的房子，连厨房的烤箱冰箱煤气灶料理台和橱柜也都是复古的维多利亚风格样式。苏是个富于生活情趣，将生命的每一天当作节日度过的家庭主妇，屋内的装饰，哪怕是客人用的洗手间都精心设计，角角落落遍布唯美惬意的细节。

每个星期四，她从餐馆定制精美茶点迎接女友们，遇上情人节感恩节圣诞节新年这样的重要节日，她会根据节日的风格在客厅和餐厅挂上彩灯贺卡，配上特制的同样图案的餐具餐巾纸。最绝的是，那天连她的居家衣服都和餐巾纸的图案配套。

苏每周定时去幼儿园给孩子们读故事书，教留学生英语。她的丈夫，这位年轻时进过监狱的成功企业家，如今是个充满爱心的基督徒，他坚持每个周末带一群贫困家庭的少年进影院上餐馆，并在业余时间写了一本皈依基督教过程的自传，在基督教的出版社出版。

简是德国后裔，她就像银幕上的欧洲女明星，深邃的蓝眼睛，鼻尖微翘，高冷型的美，难以接近的感觉，优质白 T 恤牛仔裤是她经常的装束，简单却有时尚韵味。事实上，她的个性最孩子气，她喜欢在车里播放古典音乐，一边连连赞叹车外的景色，“哇，太美了，不是吗？”“噢，太漂亮了，真不敢相信！”

我每每坐在她的车里看着她惊叹的神情，忍俊不禁，难道这不是她天天看的景色吗？她在这里出生成家，当她面对车窗外的景色发出惊叹时，你会以为她是第一次来到这个城市！

然而，这么一位单纯得有些孩子气的女子，却是个坚定的共和党支持者，她反对奥巴马。当奥巴马胜出时，她皱紧眉头，已到郁郁寡欢的地步。事实上，这几位太太都是共和党支持者，选举期间一起为麦凯恩祈祷。

阵线非常清晰，基督徒中凡是倾向于传统保守教派的，都站在共和党一边，而观念开放被称为 liberal 的大学知识分子，则力挺奥巴马。我的好友劳拉也是基督徒，但她的教堂比较开放，她本人是在大学工作，因此她是坚定的民主党支持者。

简有个乐天派丈夫莱瑞，他是个牙医，爱说笑话，喜欢旅行。冬天夜晚，莱瑞常邀请我和乔伊斯夫妇去他家玩纸牌游戏。还未到十二月，他已经在家门外的花园和树上缀上小灯泡，夜晚的小灯泡闪烁成一座璀璨的花园。圣诞期间，他把留学生们召集到家里，指导他们演圣经故事的戏剧，指挥圣诞歌曲合唱，留学生们多半来自中国和印度。

有一年莱瑞查出膀胱癌，他动手术当天简照常参加星期四的聚会，她平静告知女友们手术状况，既不悲伤也不焦虑，好像那是个类似于阑尾割除的小手术。

而这样的事发生在中国家庭，就像天塌下来一般，家人无法冷静，乱成一片，到处托熟人找关系为了得到最好的手术，一边还要向病人隐瞒病情，可往往家人的精神已经垮掉在病人前面。这时候看着简的镇静如常，我心里感叹有信仰的人终究不一样，也许到了他们的境界，就视死如归了。

我离开小城后，简在电话里告诉我："你在的时候，这城市变得很不同！"让我感动良久。

派迪是这四位太太中唯一的职业女性，她是大学医院的护士，多年前住在加拿大，与前夫离婚后搬回出生地中西部。第二次的婚姻，是在基督徒朋友介绍下与现任丈夫先有了共同信仰，然后成立家庭。她和前夫有三个孩子，和现任丈夫又生育四个孩子，因此工作忙家务更忙，也因为经济负担重，派迪的房子比其他女友的家小很多，但她把自己小小的 house 装饰得像个童话世界，她是个并不富裕却竭力保持生活品质的出色主妇。

派迪的小儿子杰生与我儿子同龄，原先在东区高中，不久退学回家，她让儿子在家中继续高中学业。原来，美国有些保守的基督徒家庭担心孩子在校园受到不良风气影响，他们让自己的孩子在家完成学业，美国社会承认 home school（在家读书），通过网络获得知识完成作业并参加考试。杰生倒是在家提前一年完成高中学业，去了外州一所基督徒的学院。

假如在超市遇到派迪，她会教你如何挑选优质食材，尤其是奶酪，其中的差异没有指点很难区分，虽然都是很小的事，但能感受她那颗温暖的心。她是个苗条俊俏说话不多的女子，聚会的日子，在我和其他女友聊天间隙，她会过来轻声问我："你还顺利吗？"那不是寒暄，而是真诚的关心。难得休息的日子，她喜欢约女友们去逛古董店，会在店里观察我的反应，只要瞥见我疑问的目光，她便不厌其烦为我解答疑问。她们几位和乔伊斯一起，为我构筑柔软温馨的女性小社会。

我喜爱星期四小聚，轻松愉悦，女性话题令我受益匪浅，我发现这一类聚会虽然是以宗教名义，本质上解决了人的社会性需求。在地广人稀的美国腹地，在注重私人空间而个人也格外孤独的西方，教堂是人们互相取暖的地方，共同的信仰，使教友们彼此信任。你看每星期的礼拜之前，教堂大厅已经涌满教徒，他们衣着正式满面笑容，就像一次婚礼派对。我尊敬有信仰的人，而我们这一代经历过信仰被欺骗的噩梦，我们之后的人生一直在质疑批判，我们丧失了接受信仰需要的单纯和热情。

我也曾随乔伊斯参加教堂组织的女性 brunch（早午餐）聚会，为庆祝将要到来的复活节。那天的教堂布置得美极了，气球鲜花巧克力，五彩空间香喷喷的。门口的长台上堆放着包装漂亮的礼物，这一切是教徒们的贡献。

这天来了上百位女子，衣着颜色缤纷。其中一半是本地白人，一半是城里大学各国留学生和访问学者，每张十人位圆桌有一把椅子的椅背上绑着一只气球，属于这张桌子的召集人，召集人是本教堂教徒，她们就像球队领队，带着满桌队员，笑容灿烂。

主持人年过六十，黑色 dress，黑帽白发，仪态优雅，她首先为一位九十岁的女士生日祝贺鼓掌，接着祝贺冬天过去春天到来，她指出，今天的温度已达华氏七十八度，满场鼓掌声，是人们为庆祝平安度过又一个严寒的掌声。

Brunch 的主食是 Egg Casseroles（很难翻成中文），形状像一大块方蛋糕，鸡蛋是主要食材，上面铺着肉糜肉肠各种蔬菜和奶酪，也有为素食者准备的纯素 Casseroles。比起主食，甜食和水果花样多得多，有人曾开玩笑说，美国人并不 care（在乎）主食是什么，却对主食之后的甜点十分期待，当然，永远不会没有咖啡和茶，这些食品饮料都是由教徒们提供。

在这个迎接复活节的早午餐聚会上，放映了关于耶稣受难的电影，影片中，耶稣在被人们钉上十字架时，说了一句话，意味深长，他说："原谅他们吧，他们并不知道自己在干什么！"我突然联想到多年前的中国，那些理直气壮施行暴力的年轻学生。

聚会最后，我们这些来自异乡的教堂客人，每人拿到一盒复活节彩蛋。彩蛋有六只，壳外标着数字，另配有一小袋东西。此时主持人已换成红帽子，红帽白发更亮丽。在主持人的指导下，客人们把蛋壳一一打开，把装在小袋子里的东西放进标着不同数字的蛋壳里，主持人做着讲解：蛋壳 1，放一小片面食（耶稣把面包分给门徒，说，这是他的身体）；蛋壳 2，放一根小棒子（耶稣被人们鞭打）；蛋壳 3，放一微型十字架和小钉子（耶稣被钉上十字架）；蛋壳 4，放一小片亚麻布和香料（人们用亚麻布裹住耶稣尸体并放进香料）；蛋壳 5，放一小块石头（耶稣的墓穴被压上石头）；最后一只蛋壳是空的（墓穴空，因为耶稣复活了）。

一个完整喻示耶稣受难和复活过程的游戏。

你常觉得美国教堂把异乡人当小孩，弄些幼稚的游戏，但这个彩蛋游戏（我能称为游戏吗）作为教化，却很形象，让我想起了一些往事。

那是在很久以前，有一次和一群弄堂玩伴去附近教堂玩，是一座东正教堂，正是"文革"时期，教堂没人管。调皮男孩们在教堂里乱窜，然后一脸恐惧过来告诉我们说：

"楼上有个男人，吊在墙上，身上有血。"

我吓坏了，但又忍不住好奇心，跟着一群孩子蹑手蹑脚上楼，在楼梯半道上踮起脚去看，楼上很黑，气氛阴森，墙上有真人尺寸的耶稣钉在十字架的雕像，好像只是瞥了一眼，看到的身影很模糊，便尖叫着逃下来。我当时一定以为那是真人而不是雕像。所以之后不敢再进那座教堂，听到耶稣的名字联想到的仍然是那个吊在墙上身上有血的男人。

圣经故事并不陌生，只是，复活节的影片竟又让我记忆深处的阴森记忆浮现了。

我跟着乔伊斯数次去教堂，但这次从教堂回来，她问我有什么感受时，我第一次告诉她这段往事，我是用好笑的口吻讲述，她则发出阵阵惊叹，还有点难以理解，孩子们怎么会害怕耶稣呢？

想告诉她不是害怕耶稣，是害怕一个受难的形象，是受难的形象带来的血腥味。事实上那些年，我们生活在一个血腥暴力的环境，却懵懂无知。但这话题太冗长，也太复杂，我能用简单英语说清吗？

31

高中毕业舞会

五月的一天，儿子回家来满脸兴奋，原来他被一位叫索菲亚的台湾女生邀请，请他在她的毕业舞会上做她的舞伴，那时儿子还在读十一年级，他因此觉得自己牛，能比他同年级的男生早一年参加本来没有资格进入的毕业舞会。他在使劲笑他的一位学哥，哦，×× 已经进大学了，他连高中毕业舞会都没有参加过。儿子并没有对女生主动邀他做舞伴有什么感觉。

可是，我却非常吃惊，索菲亚临到舞会邀约 O 奔，当然是一直没有男生邀她做舞伴，可是，怎么会没有男生请索菲亚做舞伴？我若有所失。

索菲亚是个高挑苗条直发披肩的漂亮女孩，我在高中走廊第一次看到她，便有惊艳之感。说实话，在这所高中，亚裔学生稀少，更失望的是，难得一见的一两位亚裔女生却是学霸兼女汉子形象，超短发戴眼镜运动装，直到见了索菲亚，心里才释怀，是的，我突然很在乎同胞孩子们在校园的形象。

“索菲亚怎么可能没有舞伴？”我问儿子。

他耸耸肩：“我怎么知道？”

儿子又告诉我：“她好像还有点不高兴，说她想了好久才向我开口，好像在怪我没有问她。”

我便又有疑问了：“你不是毕业生，所以不会想到去问她舞伴的事，她不是对你不高兴吧？”

我没有听清儿子的回答，他已经钻到他的房间。

真没办法，你怎能和一个不喜欢和父母啰嗦的teenage聊透一个问题？再说这也实在不算问题，可我仍然有点难以释怀索菲亚的毕业舞会竟没有男生邀请她。难道毕业班都是白人或黑人男生，他们只邀请自己种族的女生吗？老外男人找其他种族的女人多的是，上海街上，不都是异国情侣吗？老外单身汉们到上海，不用发愁找不到女人，纽约的东方女子也不用发愁没有追求者，为什么我们的女孩子要在中西部受冷落？

我是不是有点多管闲事？

以后与熟知美国文化的华人朋友聊起这件事，他说，毕业舞会前男女生的邀请和被邀请之间，有许多家长们难以了解的复杂原因和变化。

比如，毕业班的学生在十二年级的第一学期，都已经陆续拿到大学入学通知书，一对原先旁人都看好但关系仍处于朦胧的男女生，由于女生被录取的大学名次远远领先于男生，该男生的自尊心受了打击，迟迟没有向女生发出做他舞伴的邀请。事实上他已经不打算参加毕业舞会，随着毕业舞会临近，其他同学都已经互相结成对子，这位人们都认为已经被邀请的优秀女生却落单了。

男女生之间如果不是恋人关系，男生想邀请心仪的女生做他舞伴也是颇有压力。为了表达足够诚意，他得买了花（甚至买气球）当众邀请，因此最担心的是被拒绝。而女生的担心是，是否会得到邀请，或者说得到邀请的并非是她心仪的男生，这时面临的选择是，拒绝眼前这一位继续等待，因为时间还早，心仪的那一位可能会迟些来请；或者接受眼前这一位以防后面的等待落空，也许心仪的那一位已经邀请了别人。

通常球队的明星学生是和啦啦队的女生结伴参加舞会，但两人在舞会前闹翻，这位学校最受欢迎的男生便去邀请另一女生，这女生立刻接受明星学生邀请而回绝曾经邀请她的另一男生，这个被拒绝的男生便又去邀请其他女生，于是毕业班这些原先已经搭好的对子开始乱套了。

为毕业舞会和谁结伴而烦恼的不仅是学生，也许家长更操心，自己的孩子应该邀请谁，或者被谁邀请，可能家长心里也有自己的名单，尤其是华人家长。

我这位华人朋友的儿子是学霸，学业忙因为参加各种 AP 课程，业余时间还要练琴，参加各地钢琴比赛，平时没有时间和同学社交。到了十二年级，家长开始为爱读书的儿子是否有舞伴一起参加毕业舞会着急，他们建议他去找某某女生，并要帮他写卡片，当然儿子一定是拒绝的。他后来硬着头皮去邀请一位同是学霸的华人女生，虽然之前他和这女生完全没有往来，女生接受了他的邀请，却说了一句，但我不和你 date（意思是舞会这天可以结伴去，但不算约会）。

毕业舞会有着装要求，那天讨论服装时，O奔又漫不经心补充一句："索菲亚已经帮我把钱付了。"

"付钱？"

"是的，参加舞会要付钱。"

"多少钱？"我问道，儿子说他不清楚，我已经性急地打开电脑去学校网站查信息，钱还不少呢，我把钱给儿子，让他去还给索菲亚，"怎么能让女生帮你付钱？"心里暗暗赞叹这个女孩，看上去是个清秀女生，却很女汉子，报名付钱，一切搞停当，才通知男生，虽然心里还有点委屈不甘。

儿子参加舞会要穿西装，只能向朋友借了，而且必须是高个子，我给在大学教国际政治的中国教授方文电话，只有他的西装可能勉强适合儿子。周末，方文和妻子雪瑞带了西装领带来我家。雪瑞是美国人，也在大学教书，业余学习钻石鉴定，衣着有品味是个时尚达人，她专门挑了七八件春秋天的薄西装，并带来二十多条领带，帮O奔配装。

最后雪瑞选了一款淡灰绿有春天气息的西装给O奔，并为他配上绿中带黄的时尚条纹领带，端详着陡然腔调十足的O奔，雪瑞比我还高兴。

我不知道在舞会那天，男生应该为舞伴做点什么。雪瑞说这得看他们是什么关系，是恋人，还是要好的朋友，或者，仅仅是为了参加毕业舞会而搭伴。

我完全不清楚儿子和那女孩是属于哪种关系，儿子却告诉我，那天他甚至都不用开车，是索菲亚和另一女生开车来接他和另一台湾男生，舞会之后去哪里她们几个女生都已经安排好，他完全一个不操心。但我给了儿子足够的现金，反复关照他，今天无论如何要请索菲亚吃饭。

我也是后来才知，参加舞会的男生应该开车去女生家接她，并且带着预先订购的花，这花是花店专门为毕业舞会的男生们包装准备。男生到了女生家，来给男生开门的应该是女生的父母，之后女生从楼梯上下来才有范儿，她盛装打扮，漂亮的长裙，美发美妆。

我有个朋友的儿子也是十一年级，却有个十二年级的女朋友，因此他也提早一年参加舞会，这一年他还没有驾照，他父亲驾车载他去他女友家。我这位也是华人的朋友完全没有料到，儿子的白人女友家为这一刻做了非常隆重的准备，他们甚至刷白了露台栏杆，当这位女孩盛装出现在雪白的露台时，让这一对父子惊为天人。当女生迎向男生时，一阵阵咔嚓声，家人的照相机已及时留下影。

再说回那位毕业班的华人学霸男生，他是和其他几位男生一起分担租了一辆林肯加长车（他们在东岸，我们小镇高中生没有这么夸张）。他们先在一位家有大花园的同学家集合，拍了无数照片，然后十来个男生从高排到矮，站在车旁，他们脱了西装或燕尾服，一律穿着配西装的红马甲（当时学霸男生邀请的女生曾发短信要求他准备一件红马甲），我这位朋友形容这一排红马甲男生就像一队餐馆服务生。接着，男生们将女生们迎进车子，好吧，如此高调，这五月气温不低，二十来个少男少女坐在车里，已经汗流浃背，显然车内冷气远不足以抗衡如此火热青春。之后他们去高规格的大饭店招待女生们（普通饭店接待不了这么多人），那一顿吃喝之豪放之喧闹，结账时，忙坏了服务生，每一对男女吃的喝的都不一样，账单可不能混淆。

为了这一天，许多高中生提前两年开始打工存钱，别看他们平时个个装酷，说什么无所谓，其实心里不无压力。女孩的长裙妆容是一笔开销，男孩的负担更重一些，除了服装，那些鲜花呀豪车呀酒水账单呀诸如此类。舞会后，有些男生还要租酒店房间，继续派对，毕竟是一个解放的日子，不仅离开了学校，也离开了家长的视线，他们多么盼望这一天呀！

舞会这天儿子半夜三点才回，他们后来成群结队去一家华人开的夜店唱歌去了。就像我这位朋友说的，舞会结束男生女生各奔东西，他们并没有像有些家长期盼的那样，从此便开始一段关系。

儿子十一年级这一个突如其来的毕业舞会，令我想起他高中第一年的情人节，这天O奔收到一位白人女同学自制的卡片，上面画着一颗心，显然，她对他有好感。儿子起先很开心很快又烦恼了，说他没车没钱如何交女朋友，我告诉他学生都没钱没车，学生交女朋友不是靠这些，不过，听起来像大道理，没有什么说服力。我也没有把这事放心上，情人节过了，我也忘了。一直到毕业前聊起高中那些事，儿子才提到，他当时没有回答女生的卡片，女生还哭了一场，不再理睬他，后来又请其他女生来调解，诸如此类。

后来，偶然和美国朋友劳拉聊起高中生的恋爱，她说，高中生恋爱，在形式上便是午餐时在餐厅坐在一起吃午餐，回家后发发短信，打打电话。她说，美国家长觉得孩子在高中有恋爱是好事，以后读大学，很多孩子陡然离开家，像放飞的鸟，很容易失控，有过中学恋爱经历的孩子会比较成熟，在性关系上也会比较沉着。

我有些遗憾，当年对于儿子和女同学的关系给不出建议。兀然搬到异国他乡，家长有责任帮助孩子去适应新的文化，可是作为家长的我们，在文化上的准备远远不够，或者说，完全没有准备。这一次遇到毕业舞会，我再一次感触到这样的问题。

我又从身边的美国朋友获知，毕业舞会对于许多高中生，未必是个愉快的回忆，甚至可能是伤痛，它成了高中生涯必须越过的难关。来送西装的雪瑞告诉我，她当年为了毕业舞会有舞伴邀请，不得不和一位对她有情她却无意的男生周旋半年。而劳拉并没有参加毕业舞会，因为她的男朋友早她一年毕业参军去了。聊起这个话题时，在座的另一位美国女教授告诉我，她也没有参加毕业舞会，因为没有男生邀请她当舞伴。是的，不参加毕业舞会的男女生多的是，女生没有受到邀约，而男生心仪的女生却已经答应了其他邀约者，青春故事原是充满失落和伤痛。

32

叛逆是过程

几年来，我只参加过一次大陆朋友的聚会，那是个四十人以上的大派对，有趣的是，男人女人分两群，我自然是在女人一群。整个晚上，女人们只谈论两个话题，进名校的各种指标和专业赚钱排行榜。她们甚至讨论到，到底是眼科还是牙科更赚钱。

我不能认同这样的价值观，让孩子选择专业是以能否赚钱为指南。再说孩子将来真的会按照你家长的意愿走这条职业路吗？我总是很疑惑，不按照兴趣选专业，未来一辈子做不喜欢的职业，是否快乐呢？她们一定会反问我，钱赚得少难道会快乐？问题还是，钱的多少在各人心里有不同标准，以及，你是否把你未来的职业当作事业。

我没有参与妈妈们的话题，我在美国生活时间太短，没有足够说服力阐述我的观点。但耳濡目染，并非未受影响。

华人妈妈们的话题，我虽然非常不以为然但也不无压力。原来华人妈妈们从孩子进小学时就已经开始为毕业后要申请的大学做准备，而我还停留在关注孩子对于新环境的适应性上。我完全没有过要推动他拿全 A 进常春藤的念头，这当然也跟孩子从来不是乖乖儿有关。

当美国朋友获知你的孩子在读高中时，他们的目光会充满同情，他们几乎是无奈地叹出一声“teenage（青少年）”。在美国，teenage 是个特殊语词，它代表了“叛逆”“难搞”“不可理喻”，等等，让父母们紧皱眉头大摇其头。

美国家长虽然不打骂孩子，但从小培养孩子的自律，很讲 discipline（纪律），在我们这种家庭，却是宽松有余，自律培养不足。到了美国，孩子的个性更有空间发展，十年级以后，我也开始明白 teenage 这语词的特殊含义，这阶段正是孩子开始试图挣脱缰绳而家长却不愿放手的阶段，如何与身处美国校园的 teenage 儿子相处？那是我经常和朋友们谈论的话题。

我的一位上海朋友做化学工程却有良好的人文修养，对许多事情看法睿智，我们因为在同一州有相似的文化环境，关于孩子的个性和成长与他聊得最多。

他曾经描绘过这样一个场景，在一个下雪天，他和妻子外出开车经过 down town，只见有个女孩站在一座教堂前，双手高举一块写着“抗议反对堕胎”“抗议歧视同性恋”的牌子。雪在风中飞舞，街上无人，夫妇俩互相感叹，这么冷的天女孩子站在雪地，也不知她的父母是否知道，直到开车近前才骇然发现，这个女孩竟是他们的独生女儿，十六岁的女高中生妮妮。

这个读中学的女孩子，可以为了她认定的原则，她心中的正义，在大雪纷飞的寒冬，孤零零地站在教堂门口的街上，声援同性恋者，声援选择人工流产的女性，同时，她也会半夜三更偷偷溜出家门，将父母的车开出去，凌晨警察电话打来，父母才知道。

也是在中学，她去打工的那间酒吧，内有毒品交易，各种边缘人物进出酒吧，父母当然担心，但无法劝阻女儿，只能每夜在酒吧附近徘徊，保护她也是看守她。

这个个性独特的女孩，六岁时曾自己贴出告示，要求做 babysitter（临时照顾幼儿者），初中开始打工，小小年纪就渴望独立很有主见。

我第一次见她时，她在读高中，漂亮腼腆，不愿和父母的客人周旋，在父母的再三嘱咐下勉强下楼打一声招呼，跟后来我儿子待客的表现几乎相同。

读大学时她把头发染成雪白，放假回家，她母亲去机场接她，白发女儿走到自己面前竟没有认出来。她后来顶着这头白发来我家做客，让我吃了一惊，不过我掩饰住了，我赞她酷，并非口是心非，外表另类是一种表达，我欣赏我行我素的女生，我的认同令她愿意和我接近。她后来告诉父母，正是染了白发后，在校园受到广泛关注，你要够酷才能受到关注啊！作为经常感到被忽视的少数族群女生，她需要用自己的另类形象获得存在感。

这让她的父母想起她在中学时，为了引起同学注意，或者说为了有存在感，在零下二十摄氏度的天，身上穿着羽绒衣，下面却穿着夏天的短裤和夹脚拖鞋，这装束我在儿子高中停车场也见识过，寒冬腊月，看见不止一个女生穿短裤拖鞋身上只披了一件羽绒衣，从停车场的雪地奔进学校大楼。冬天敢这么穿，还不够酷吗？

妮妮成绩很好，读本科就拿到了奖学金，昂贵的住宿费被免去，可是她收养流浪猫，大学宿舍不能养猫，她便自费在校外租房。父母去探望，见房子小而简陋，很心疼，劝她住学校，但她为了流浪猫，宁愿花钱又受苦。

她在大学一路读得不耐烦，暑期跑到纽约打工，她在打工的时装店遇到一位拥有大公司的老年女顾客，妮妮的服务给年老女士留下好印象，她便把公司正招人的消息告诉妮妮。妮妮立刻去应聘，然后休学去上海的这家美国公司实习，身上背着吉他，带着 DJ 用的放碟机来到父母的故乡，周末在衡山路老外开的酒吧做 DJ 挣外快。

妮妮作为公司实习生一年后月薪也可赚到两万，在上海一待待了一年半，直到学校发信催她回课堂，否则要除名，她才回校继续读书。重返学校的她，全力以赴废寝忘食在学业，本来担心她学业的家长反倒劝她不要过分卖力，妮妮是以优异成绩毕业。

毕业后她应聘到波特兰一家大广告公司，很快被派到上海做部门主管，薪水加海外津贴酬劳丰厚，但她不喜欢上海方面的人事，要求辞职，公司为了留住她，破例让她回美国在公司留了职务，但最后她还是跳槽去了苹果公司，进入了高薪行列。

可是正当我们所有人在为她高兴时，她又想从苹果公司辞职单干。朋友感叹女儿过于独立，任何事都不与家人商量，看她辞去好工作觉得可惜。可是从美国搬去中国，再从中国搬回美国，绝对不是什么容易事，光租房退房这两项就够你伤神，更毋庸说各种体力活，包括行李打包处理杂物，多少琐事麻烦要操心，她却从来不麻烦父母。

从我的视角看过去，相信从初中就开始打工的妮妮，早就积累了独立资本，独来独往的她，哪怕旅行也是独自背包上路，一个人去森林和攀登悬崖，在我的视线里，是个孤独的身影，比起去美国读本科或更高学位的中国学生，在美国长大的华裔女生，似乎没有扎堆习惯，独来独往中总有几分寂寞。

她属于第二代移民，她的独来独往又带着几分反叛色彩，作为少数民族的个中滋味，父母是无法替代承受的。这位朋友说得好，我们甚至还不算少数民族，只是暂时居住在这个地方的打工者，除了工作，跟这个社会没有太多联系，我们的下一代才算得上少数民族，对于这个社会的体验跟父母又不同了。

我在纽约时曾听朋友说起他认识的一位中国女孩的故事。女孩父母是二十世纪八九十年代出国的留学生，那时去美国留学的多是已有工作经验的成年人学霸，不少人已在国内成家。当年出国没有钱，拖家带口住在纽约的贫困区，周边都是有色人种，他们年幼的女儿便进了所谓差学区的学校，和第三世界来的孩子们一起读书，倒也无忧无虑。

女孩的父母拿了高学位找到好工作，很快便在白人比例很高的好学区买了好房子，可女儿自从进了好学区的学校，却渐渐失去笑容，本来她是和一大群少数族群的孩子在一起，大家都是第三世界来的移民，过着同样的节俭生活，彼此没有隔阂，女孩一路快乐成长。然后突然陷进一个不仅白人多且是富裕白人多的人群，异类身份带来的无法言说的隔阂让孩子感受到了。此外，来自富裕家庭的同学之间各种派对多，彼此送礼出手大，中国父母把所有的钱放进了房子，生活方式仍然保留过去的节俭，也拿不出多少余钱让女儿参与同学之间的社交，女孩在新学校深感自卑压抑，变得忧郁了！

我另有一位中国朋友的女儿，出生在美国，读九年级时就展露她的创作才能，那段时间她母亲还带着她的英语作品来我家讨论，既担心她将来成为作家而衣食无保障，又希望她的才能不要浪费。哪知在十一年级时，这个有才华的女孩突然厌学而逃学，她父亲去中国工作，母亲是自由派，不强迫她上学，但学校告到当地法庭，她和母亲被传上法庭。法庭令她在母亲陪伴下上专门的心理辅导学习班，同时每星期两次去法庭报到，然后回自己高中补学分。其实她的成绩也很好，去州立大学拿奖学金不是问题，在大学时，她也来上海实习，毕业后又回到上海。

朋友的儿子出生在美国南部，也是典型的ABC（American Born Chinese，即生长在美国的中国人），却要学中国留学生带中国口音的英语，他认为比起留学生，作为ABC反而更受歧视，在相对保守封闭的南部，长着一张东方脸却讲一口流利的美式英语认为自己是美国人的亚裔男孩，是否让当地有偏见的美国人很不爽？Teenage时期的男孩最敏感，被歧视的感觉让他更不爽，因此他和其他ABC男生以及韩国越南孩子结成小帮派，用武术和拳脚向人示威，屡次进出警局，让父母操碎了心。

他后来进了州立大学仍没有心思读书，退学找工作，从南部亚利桑那搬去洛杉矶，又从洛杉矶搬去西雅图。虽然他的母亲做企业钱不在话下，却咬住牙不给一点资助，她告诉儿子，如果继续读书，她可以资助他，一旦离开学校，就必须赚钱养活自己。西雅图房价很高，合适的工作并不容易找，他为了站住脚走自己的路，不得不去码头做装卸工，一个一米六五的小个子男生去扛包，我作为旁人都为他心疼，可他母亲坚持原则不肯让步。男生还是争气，做装卸工不久，总算给自己找到一份向往过的销售工作，销售成绩上去后，还升了职，薪水越来越丰厚，此时的他赚多了钱，反而不满足了，便又辞工，搬回亚利桑那他出生的州，去州立大学完成他的本科教育。

而今他已是年近三十的成年人，在公司当白领，年少时的愤懑，之后的求学曲折路，转为成熟的心智和安静的生活方式，我相信有一天，他还会折腾一下，不过，那是朝更高的目标攀登。

这些是叛逆少年少女的折腾，也认识从小优秀到大的男生，一路乖乖读书进了常春藤大学，毕业后却失去方向，在家里待了一阵，又去三明治店做了半年三明治，之后才去继续读学位，如今是位有理想的律师，在工厂为蓝领服务。他出身名家，父亲是某国大使，欧洲血统，母亲是华人，即使他这样一个在我们看起来是长着一张“外国人”脸的青年，在各种场所仍然被视为亚洲人，更多的时候，被认为来自南美州，因为虽然他五官立体，但双眸和头发是黑色，他说，我后来干脆称自己是墨西哥人。

我还认识小城一位学音乐的混血男生，母亲是美国白人，父亲是中国人，在我们看来，他的外形也非常西方人，可他说他也一直被认为是亚洲人。他后来去北京学汉语，期间回美国到纽约继续深造音乐，之后又回到中国，长住北京了。

他的弟弟形象上更偏亚裔，十多年前在我儿子就读的高中读书，那时亚裔更少，便受欺负，为了自卫学会打架性格变得很暴烈，他本科毕业后报名参加红十字军去了非洲，在非洲一待两年，回国后性格成熟，也找到了人生目标，他立志做医生，进医学院深造。

被认为是亚洲人，这个说法里有种微妙的遗憾，从这微妙的遗憾里读出的是亚洲人在这个主流社会仍然带着边缘色彩，这也正是第二代移民必须面对的令他们不那么愉快的现实。即使是父母有一定地位的混血孩子，他们也同样感受被另眼相看。

我们这一代经历了太深刻的闭关锁国的压抑，一旦国门打开简直是迫不及待地冲向外面世界。那时，早在八九十年代，有个时髦语词开始在中国流行，曰“文化休克”，意指初初踏上西方国家的中国留学生，被不同的文化给震撼到休克。其中冲击最大的仿佛是物质层面的刺激，原本许多人出国的首要目标是要摆脱贫困。这些从物质匮乏的国内出去的人们，美国大超市丰富的物质，首先给予他们感官上的冲击，然而这是最浅层的冲击。

那时出国留学的，多是已在国内拿到本科学位的成年人，尤其是去美国留学的年轻和并不年轻的人们，他们多半已过托福考试，到美国是去拿更高学位。当时国人普遍过着清贫日子，出国有外汇兑换限制，留学生们只能带四十美金，到国外首先遭遇沉重的生存压力。由于留学生没有绿卡，只能去台湾人的中国餐馆打黑工，因此八九十年代留学生的主要挣扎还是在生存层面，打工读书并行的艰辛，已经覆盖了文化休克带来的冲击力。或者说，生存的紧迫使他们的肉体远远疲累于精神。

其时，还未出国的我们，更容易理解生存的艰辛，而对所谓文化休克，完全零感受，也许还觉得那是一种幸福的烦恼。

这二十多年来，随着赴美签证的松动，去美国留学的年龄趋于年少化，越来越多的少年学生去美国上初中高中，他们几乎是一脚踩进了美国的本土文化中。相比美国大学由于国外学生大量进入，人种上的多样化文化上的开放和国际化，美国中学就相对本土化得多，因此文化休克对于小留学生的冲击力应该更大。

而年少的孩子需要家长陪伴，对于陪同孩子读书的家长，兀然陷进异国文化中，也是非常大的挑战和冲击，因为家长不可能只解决孩子的衣食住行，当孩子在异国校园遇到问题时，家长有多少能力给予孩子支持和帮助?

作为家长，除了在经济上有足够准备以供孩子在国外的生活和学习所需，文化上的预习和准备也非常有必要。准备得越充分，在新环境会越快获得平衡。而陪伴孩子在国外读书的同时，家长也在和孩子一起学习和成长。

把孩子带离令他们压抑甚至受苦的中国学校，并非万事大吉，美国学校有美国学校的问题，孩子无论在哪里长大，都会不断遇到新的问题，尤其是经历了迁徙的少数民族青少年，自有其问题的特殊性。

无论如何，来到异国他乡，挑战和困难将一直出现。如果说八九十年代的留学生，首当其冲的是生存压力，那么，对于新一代的小留学生，当生存问题不那么迫切时，其他更深刻更隐蔽的忧患反而清晰了，因此，关于身份的认同和种族边缘化感受，这一代少年留学生的感触更加深刻，那是一种更精神的，也许痛感也更锐利的感触：我是谁？我为何在此？我到底被接受还是排斥？中国新一代留学生面临的困境将更加独特，却也更加具有普遍性。

完稿于 2015 年 4 月

FONGHONG
凤凰联动出品